"十四五"时期国家重点出版物出版专项规划项目

国家古籍工作规划项目

中国禅宗典籍丛刊 第二辑

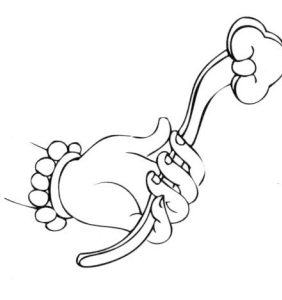

主编 杨曾文 黄夏年
〔明〕吹万广真 著
韩焕忠 点校

一贯别传

中州古籍出版社
·郑州·

前 言

《一贯别传》是明朝末年著名高僧吹万广真的著作。他运用禅宗的思维方式，对儒、道、佛三教最重要的经典展开了禅学化的解读，将三教圣贤的思想都纳入了禅宗的语境之中。《一贯别传》的出现是当时思想界、文化界普遍重视儒、道、佛三教融通的具体体现，同时又对这一社会风气起到了助推的作用。因此这部著作甫一传出，即被收录在当时正在刊刻中的《嘉兴大藏经》之中。但不久之后，即发生了清军入关、明清易代的大动荡。佛教在晚明时期刚刚萌生的一点点复兴的苗头也被这场持续数十年之久的社会动荡扼杀得无影无踪。《一贯别传》也不可避免地遭遇到了束之高阁的命运，三百多年来，少有问津者。

20世纪以来，学术日渐昌明，有关中国佛教的研究，也开始受到人们的关注。特别是改革开放以来，中国佛教研究取得了长足的进展，不仅魏晋南北朝佛教的研究得到学术界的高度重视，隋唐宗派佛学的研究也呈现出一片繁荣的景象，降而至于宋元明清的佛教，也开始有学者予以关注，并且形成了许多很有深度、很有代表性的重要学术成果。笔者深受时风之惠，对儒、道、佛三教关系研究比较倾心，偶然于《嘉兴大藏经》中翻出吹万广真的《一贯别传》，如获至宝，撰写了《吹万广真对儒家经典的禅学解读》《吹万广真对〈老子〉的禅学解读》《吹万广真对〈庄子〉的禅学解读》《吹万广真对〈华严经〉的禅学解读》等论文，或发表在学术刊物上，或公之于相关研讨会上。笔者之关注吹万广真，由此也渐为人知。

  为了进一步推进中国佛教特别是禅宗的研究，中州古籍出版社本着传承文化和净化人心的责任感和使命感，推出了以中国佛学界的泰山北斗杨曾文先生和黄夏年先生为主编的"中国禅宗典籍丛刊"，组织国内相关的专家学者，对中国禅宗典籍进行精心的甄选、整理、点校。其第一批成果共十册禅宗典籍出版之后，获得了学术界、佛教界乃至文化界普遍一致的好评，出版社及各位先生深受鼓舞，决定邀请更多的学者参与到这套丛刊的编校之中。杨先生了解到笔者在关注吹万广真之后，就命笔者来点校《一贯别传》，笔者欣然从命。杨先生还对笔者说，吹万广真还有一部著作，就是《释教三字经》，有学者说已经佚失，但是武汉大学的姚彬彬查到苏州大学图书馆藏有这部书。现在我们的宗派观念深受日本学者的影响，而吹万广真的这部《释教三字经》完成于明末，远在日本观念影响中国之前，我们可以据此了解中国人对佛教宗派的认识，最好能将此书也整理出来，附录在《一贯别传》之后。笔者深以为然，先在苏州大学图书馆古籍部，后来在西园寺藏经楼，都查到了这部《释教三字经》。

  苏州戒幢佛学研究所图书馆藏有台北新文丰出版公司于1987年影印出版的《嘉兴大藏经》，这部藏经的第40册即收有《一贯别传》,字迹清晰完好,非常易于识读,本书正文即据此点校录成。原文偶有漫漶之处,本书尽量参考其他禅籍以确定相关的文字;如无所参阅,不得不以意校之者,注于页下。附编一收录了《释教三字经》及《吹万禅师行状》,附编二收录了笔者所撰的相关论文。但愿此书的点校出版,能对晚明时期的禅学,特别是三教关系研究有所助益,并希望海内外学者贤达不吝赐教。

目 录

自　序	1
小　引	1
卷　一	1
儒　宗	1
《易经》	2
《学》《庸》	9
《论语》	13
《孟子》	24
卷　二	27
玄　宗	27
《道德经》	29
《南华经》	36
《文始经》	42

卷三 …… 45
释宗 …… 45
《心经》 …… 46
《金刚经》 …… 47
《弥陀经》 …… 52
《四十二章经》 …… 53
《维摩经》 …… 54
《楞伽经》 …… 57
《圆觉经》 …… 59

卷四 …… 64
《楞严经》 …… 64

卷五 …… 100
《法华经》 …… 100
《华严经》 …… 113
吹万跋 …… 131
慧泽跋 …… 132

附编一 …… 133
释教三字经 …… 133
吹万禅师行状 …… 140

附编二 ·· 146
    吹万广真与《一贯别传》 ····························· 146
    吹万广真对儒家经典的禅学解读 ······················ 148
    吹万广真对《老子》的禅学解读 ······················ 166
    吹万广真对《庄子》的禅学解读 ······················ 176
    吹万广真对《华严经》的禅学解读 ···················· 189

主要参考书目 ··· 211

自　序

　　瓶环钗钏，一金而别其器；酥酪醍醐，一乳而异其名。自其殊者视之，肝胆楚越也。自其同者视之，灵蠢冰水也。矧《般若》之摩诃衍，而《系辞》则曰大衍；《中庸》之无声臭，而《道德》则曰至虚。乃至三心不可得，与绝四，与无为，的的然一鼎三足，庸讵以彼此观耶？予自脱其古槐长夜，复入如幻三昧中。目击藏海之沤，已具乌昙之华界；足履毛孔之步，犹过摩诘之陶轮。恍乘莽渺鸟，而出六极，莫知其然而然也。反而执之于左契，始知性天即一中之旨，释氏而归之，老氏而守之，孔氏而贯之，特教化若狙公①赋芧耳。第乍入吾道者，只知一之所已辟，而不知一之所未辟，故临内外坟典，如失宝印，而不达斯，必参其别传之眼藏，俾于修②多罗了义若推门落臼也。不然则三圣人乏所说，果将为隐矕人者耶？果将为蹎跂人者耶？惟不蕴坚白异同之士，恳垂只眼，庶几得金忘耑，得乳忘名，便可语夫象先矣。

　　吹万广真说。

---

① 原文为"徂公"，据《庄子·齐物论》改为"狙公"。
② 原文缺"修"字，以意补之。

小　引

　　三教圣贤，总从一个圈子里透出。性公既为圈外透出①人，又说出如许注脚，将无屋上架屋，反成多事。戒庵道人曰："不然，假如要到长安，避不得梯航跋涉，拄锡杖②，进彰义门，瞻仰圣人宫阙。后复有人问路，亦须觑缕向说。"这老和尚不肯只做自了汉儿，他也东行西走，费却许多脚跟，如今坐在聚云方丈，正好瞑目趺跏，那管他千山万水也！却将从前经历路程，举似后来行脚。会得的，到了长安，更莫问他在齐鲁之西，赵魏之北。道人有一偈子："万水千山在脚跟，放下草鞋全没帐。进门好图一觉睡，且莫想到路途上。"敢以质之性公。

　　戒庵道人马易从题于郡斋之拙暇园。

---

① 此六字极为模糊，以意校为"既为圈外透出"。
② 此六字极为模糊，以意校为"航跋涉，拄锡杖"。

卷 一

儒 宗

盘古氏由一炁而继天地，曰人。人既生矣，所谓范围天地，曲成万物，而造化在我，故庖羲氏得之而画八卦，烈山氏得之而著《连山》，轩辕氏得之而作《归藏》。迨乎示厥中于放勋，无法之法已赘；析精一于玄德，非相之相全弘。嗣后禹洛、汤铭、文易、箕畴，皆从这一炁源头，畅达而为华梵正译耳。复有一贯传心，守约标于曾子；浩然养气，尽性倡自子思。此又转语心为四卷，易昙华为一指也。若汉之董与杨，唐之韩昌黎，道学中之文章也。宋之周与程，明之王阳明，文章中之性理也。彼夫濂溪立主静之旨，阳明阐良知之妙，实原始反终而契死生之说者。至若复五太于未形，归二仪于无体，吾不得而知，请问诸古皇先生。

《易经》

伏羲八卦原（此言理也，然理中含有数）

古者庖羲氏见河马出图，仰观象于天，俯观法于地，观鸟兽之文，与地之宜，近取诸身，远取诸物，于是始作八卦，以通神明之德，以类万物之情，故初画一爻以象太极，其数为奇，即天开于子也。再画一爻以象地，其数为偶，即地辟于丑也。三画一爻以象人，即人生于寅也。盖三画成而为乾，故谓之乾三连也。然古以一画象太极，其次象两仪，今曰象太极者，即天开于子者，何也？谓天一太极也，地一太极也，人一太极也，三才合一太极也。故曰立天之道曰阴与阳，即天得一以清也；立地之道曰柔与刚，即地得一以宁也；立人之道曰仁与义，即人得一以灵也。

三画既成乾矣，数亦为奇，有奇必有偶，兼三才而两之，三才即天、地、人，两者即三才中之两也，即阴阳、柔刚、仁义也。阴阳、柔刚、仁义，其位有六，故重三画而成六爻，断三画而成坤，故谓之坤六断也。以卦言之，则乾象天而坤象地，乾为父而坤为母。既有天地必有万物，既有父母必有男女，盖万物男女必自天地父母、阴阳变化、刚柔错综所成。夫错者，阴阳交互也；综者，阴阳颠倒也。始则乾家错一爻于坤之初，则坤变而为震，作乾家之长男；坤家错一爻于乾之初，则乾化而为巽，作坤家之长女。次则乾家错一爻于坤之中，则坤变而为坎，作乾家之中男；坤家错一爻于乾之中，则乾化而为离，作坤家之中女。三则乾家错一爻于坤之上，则坤变而为艮，作乾家之少男；坤家错一爻于乾之上，则乾化而为兑，作坤家之少女。故曰乾生三男，坤生三女，总成六子也。其颠倒者，即乾之初爻颠于坤之上，坤则变而为艮；坤之初爻颠于乾之上，乾则化而为兑。乾之上爻倒于坤之初，坤则变而为震；坤之上爻倒于乾之初，乾则化而为巽。此所以天地变化、阴阳升降也。

天有太阳、太阴、少阳、少阴；地有太柔、太刚、少柔、少刚。太阳为日，太阴为月，少阳为星，少阴为辰；太柔为水，太刚为火，少柔为土①，少刚为石。日为暑，月为寒，星为昼，辰为夜，水为雨，火为风，土②为露，石为雷。天之寒暑、昼夜，变物之情性、形体；地之风雨、露雷，化物之飞走草木。是故震为雷，巽为风，离为火，坎为水，艮为山，兑为泽，故曰天地定位，山泽通气，雷风相薄，水火不相射，八卦相错，数往者顺，知来者逆，然后万物所以生也，庖③羲氏之观图画卦者如是。

伏羲六十四卦原（此言数也，然数中含有理）

〇此太极也，象未形而其理已具。然太极动而生阳，动极而静，静而生阴，静极复动，一动一静，互为其根。故太极之判，始生一奇一偶，而为一画者二，是为两仪，即阳仪、阴仪也。两

---

① 原文为"上"，以意校为"土"。
② 原文为"上"，以意校为"土"。
③ 原文脱"庖"字，以意补之。

仪之上，各生一奇一偶，而为二画者四，是谓四象，其位则太阳一，少阴二，少阳二，太阴四，其数则太阳九，少阴八，少阳七，太阴六。四象之上，各生一奇一偶而为三画者八，其位则乾一，兑二，离三，震四，巽五，坎六，艮七，坤八。八卦之上各生一奇一偶而为四画者十六，谓两仪之上，各有八卦，即阳仪八卦、阴仪八卦也。四画之上各生一奇一偶而为五画者三十二，谓四象之上各有八卦也。五画之上各生一奇一偶而为六画者六十四，亦兼三才而两之，八卦之上各有八卦也，即程子所谓加一倍法也。

始以乾一而至于坤八，则八卦中各有其八，故一一为乾，二一为夬，三一为大有，四一为大壮，五一为小畜，六一为需，七一为大畜，八一为泰。一二为履，二二为兑，三二为睽，四二为归妹，五二为中孚，六二为节，七二为损，八二为临。一三为同人，二三为革，三三为离，四三为丰，五三为家人，六三为既济，七三为贲，八三为明夷。一四为无妄，二四为随，三四为噬嗑，四四为震，五四为益，六四为屯，七四为颐，八四为复。一五为姤，二五为大过，三五为鼎，四五为恒，五五为巽，六五为井，七五为蛊，八五为升。一六为讼，二六为困，三六为未济，四六为解，五六为涣，六六为坎，七六为蒙，八六为师。一七为遁，二七为咸，三七为旅，四七为小过，五七为渐，六七为蹇，七七为艮，八七为谦。一八为否，二八为萃，三八为晋，四八为豫，五八为观，六八为比，七八为剥，八八为坤。此亦参伍以变，错综其数也。盖阳仪八卦在天成象，阴仪八卦在地成形，互相变化，所以日月星辰在天变为寒暑昼夜，水火土石在地化为雨风露雷，故曰刚柔相摩，八卦相荡，鼓之以雷霆，润之以风雨，日月运行，一寒一暑，乾道成男，坤道成女。

然人之受生以来，包此而仪二八之气。二八者，一斤之数也。二十四铢为一两，十六两则得三百八十四铢也。配之卦爻，一卦六爻，六十四卦则得三百八十四爻也。故曰刻漏若无差，爻铢方有准。人既得此二八之气，则大道在吾身，故周子所谓圣人定之以中正仁义而主静，立人极焉。其主静立极之妙，亦不外乎变化。而逆之即吾之性情形体、目耳口鼻，天之所变也；飞走草木、色声气味，地之所化也。虽曰一阴一阳之谓道，继之者善也，成之者性也，要其逆而复之，则吾分中自有不变不化者存，故曰原始反终，故知死生之说。

乾道变化，各正性命，保合太和，乃利贞

廓彻圆通，灵明虚湛，即此乾道之体。本自无动无静，因健而有动静。静极复动，则为情、为识、为六根、为声色。动极复静，则为性、为智、为六通、为寂定，千变万化，无不是此冲虚之气以正之也。根身如是，器界亦如是，故物有清浊，人有智愚。然愚可以智，浊可以清，在保合太和而已。所谓利贞者，盖元亨为天之通，利贞为天之复也。今云乃利贞，可见物物皆可保和而复虚，人人悉能尽性以至命矣。《楞伽》云："如来之藏是善不善因，能遍兴造一切趣生，譬如伎儿，变现诸趣，离我我所。"正合斯义。

复，其见天地之心乎

参禅之人如剥芭蕉，剥一层又一层，剥一层又一层，剥至无下手处，始得打成一片。盖剥落既尽，才复见其天心。

见吾子曰："当此之时，一心大定，万虑冰消，静固静矣，然非死灰槁木之谓也。要见如如之中有了了，明明之中有晓晓，至静之中有至动者存焉。所以先王以至日闭关，商①旅不行，后不省方者，谓安静以养微阳耳。然卦辞既云七日来复，是则阳去而阴来，阴去而阳来，乃自然升降之理也，何必静以养之，剥以复之耶？"

吹万曰："邵子云：'乾遇巽时观月窟。'此动极复静也。又云：'地逢雷处见大根。'此静极复动也。一动一静，一呼一吸，而为天地造物之消息，第吾人得此一动一静之间者，又是天地人之至妙。至妙者也，只此至妙之道不可以有无言，而亦未尝无有无；不可以动静言，而亦未尝无动静。盖静以养之，剥以复之者，正齐生死为一状，会万物为一府也。观音大士云：'生灭既灭，寂灭现前。忽然超越，世出世间。十方圆明，获二殊胜：一者上合十方诸佛本妙觉心，与佛如来同一慈力；二者下合十方一切六道众生，与诸众生同一悲仰。'此其见天地之心乎！"

---

① 原文为"商"，以意校为"商"。

艮其背,不获其身;行其庭,不见其人

所止之背既着,则觉性绊于执持;能止之心才生,则妙明沉夫断灭。唯无能无所,非背非心,便可止而止,亦可行而行也。

昔鲁祖凡见僧来便面壁。南泉闻云:"我寻常向他道空劫以前承当,佛未出世时会取,尚不得一个半个,他怎么驴年去。"此示非止之法也。万松云:"所以灵山如画月,曹溪如指月,怎似鲁祖在水晶宫中,广寒殿里,披襟相见!"此示非非止之法也。

说卦以艮为山。山者,不动之义也,即人之背,亦不动也。圣人借此不动之物相,以喻吾人圆湛之止体,非果云背也。况此体不于一事、一理、一法、一行上随顺应之而不动,乃于一切事、一切理、一切法、一切行上随顺应之而不动,岂滞于一身一庭而已哉。

若是,则以万象为一身,故吾在身而不知有己也;则以法界为一庭,故吾在庭而不知有人也。孰谓止,孰谓非止?

故神无方易无体

有一无位真人,圆陀陀,光灼灼,赤洒洒,净裸裸,视之不见其形,听之不闻其声。谓其大兮,范围天地之化而不过;谓其小兮,细入微尘之密而不彰。其语默也,翠竹黄花;其步趋也,行云流水。此果无方之神耶?抑果无体之易耶?若谓无方,彼其所存主者,一神之所为,主宰于天地万物昼夜之中,然亦未尝无

方也，但不可以方所测之。若果无体，彼其所运用者，一易之所成，运行于范围曲成通知之际，然亦未尝无体也，但不可以定体执之。万松云："高低岳渎，共转根本法轮；大小鳞毛，普现色身三昧。瞿师罗长者，睹三尺而无尽；无边身菩萨，穷上界而有余。"无一时不现，无一处不遍，无方无体，其若是乎！

百姓日用而不知，故君子之道鲜矣

"寻牛须访迹，学道访无心。迹在牛还在，无心道易寻。"此古人摄用归体之模范也。"日用事无别，唯吾自偶偕。头头非取舍，处处勿张乖。"此古人即物明心之轨则也。第吾人昼夜中视听言动、行住坐卧，无不是此妙明显现，奈何在这目前，诸人难睹！孔子曰："谁能出不由户？何莫由斯道也。"又曰："立则见其参于前，在舆则见其倚于衡也。"孟子曰："行之而不著焉，习矣而不察焉，终身由之而不知其道者，众也。"又曰："口之于味也，目之于色也，耳之于声也，鼻之于臭也，四肢之于安佚也，性也。"颜渊曰："仰之弥高，钻之弥坚，瞻之在前，忽焉在后。"看是甚么东西？只令圣贤千言万语不止！昔韦参军与僧对坐，盘中置有李，因问："如何是百姓日用而不知？"僧曰："请吃果子。"食已复问。僧曰："此即百姓日用而不知也。"韦方省。诸人若在这里检点出来，始信天上天下唯我独尊。咦！

《学》《庸》

大学之道章

释曰性觉妙明,儒曰明德,同一最上乘学问。第此明德,不独己之所有。一元方判,百昌之机棁已成;三有始形,刹海之渊源俱浚。有性无性,由兹一化之门也。故民之善者,吾以明德之理而导之;民之不善者,吾亦以明德之理而导之。必欲同游于非善非不善之地,乃所谓之至善也。此即释氏自觉、觉他、觉行圆满之义。夫此至善之道,必以何法为所修之因?亦以何境为能证之果?如来谓阿难曰:"若于因地,以生灭心为本,修因而求佛果,不生不灭,无有是处。"盖不生不灭之义,即止也。止者,纯一无杂,具足清白梵行之相,即清净法身也。清净法身者,即自性之戒也。戒即有定。定者,寂然不动,具足无量妙义,即圆满报身也。圆满报身者,即根本之智也。曰静曰安,不出定中之正受,定即有慧。慧者,感而遂通,具足恒沙妙用,即三类化身也。三类化身者,即六度万行之德行也,安而后能虑也。三者俱备,则心无能修之心,法无所修之法,能所浑忘,心法一如,圆满菩提,归无所得,以无所得故得之也。知止为因,能得为果。以是而修德行道,故曰君子,曰圣人;以是而利生出世,故曰菩萨,曰世尊;以是而复礼,故曰致知;以是而克己,故曰格物。物即知也,犹色不异空;致即格也,犹冰即是水。乃至诚意、正心、齐家、治国、平天下,莫不以此戒、定、慧法而为体为用也。吹万曰:"吾以天下为一身,复以万物为一心,知本①非知,物本②非物。珠帘绣柱闭黄鹄,银揽牙樯起白鸥。好不正受。咦!"

天命全章

《易》在先天,无形有理。无影之理,即天命也,在吾人谓之性,从来是不睹不闻者,《楞伽》所谓三昧乐正受意生身也。日用语默动静,无不是此不睹不闻的东西,随顺寂照,故谓之道,《楞伽》所谓觉法自性性意生身也。虽曰不睹不闻,又能范围天地,曲成万物,通乎昼夜,故谓之教,《楞伽》所谓种类遍现无行作意生身也。三者本是乾元一气,圣人得之而字之曰道。是道也,人人本具,若声之应响而无殊;个个圆成,似影之随形而不变。本自不能离者,何尝须臾离也。故大修行人,行住坐卧,应事接物,皆是此不睹不闻的,中立不倚,和而不流,谓之戒慎,谓之恐惧。第不睹不闻者,即至隐至微之体。虽幽也,而见莫见乎隐,坐微尘里转大法轮;虽细也,而显莫显乎微,一毛端现宝王刹。致乎此者,故云慎独,矧是独?内不着空,恒如如而了了,中也;外不着相,尝晓晓而明明,和也。果能致此中和之妙,自觉乾坤之交而为泰,非乾坤泰也,吾心之天地位也;品物之出而最灵,非品物灵也,吾心之万物育也。且道此心与天地万物是一是二?南泉曰:"马大师道个非心非佛非逃禅,说个不

---

① 原文为"木",以意校为"本"。
② 原文为"木",以意校为"本"。

是心、不是佛、不是物,恁么道有罪过不?"赵州便礼拜。

君子素其位而行,不愿乎其外:素富贵行乎富贵,素贫贱行乎贫贱,素夷狄行乎夷狄,素患难行乎患难。君子无入而不自得焉

过去心不可得,未来心不可得,现在心不可得。何以故?过去已灭,未来未至,现在不住。由此现在之心不住,故于一切处随缘而不变也。《净名》云:"示行悭贪,而舍内外所有,不惜身命。"似行富贵之道也。"示入贫穷,而有宝手,功德无尽。"似行贫贱之道也。"示入于魔,而顺佛智慧,不随他教。"似行夷狄之道也。"示入老病,而永断病根,超越死畏。"似行患难之道也。古德云:"四大无主复如水,遇曲逢直无彼此。净污两处不生心,壅决何曾有二义。触境但似水无心,在世纵横有何事。见闻觉知无障碍,色声味触常三昧。如鸟空中只么飞,无取无舍无憎爱。若会应处本无心,始得名为观自在。"此真无入而不自得之君子。

鬼神之为德其盛矣乎,视之而弗见,听之而弗闻,体物而不可遗

天①魂地魄,阳魂阴魄,神魂鬼魄,互相动静升降而为五行

---

① 原文为"大",以意校为"天"。

之运。故精在天为寒，在地为水，在人为精；神在天为热，在地为火，在人为神；魄在天为燥，在地为金，在人为魄；魂在天为风，在地为木，在人为魂。因精有魂，因魂有神，因神有意，因意有魄，因魄有精。五行回环不已，若有形也，视之而弗见；若有声也，听之而弗闻。以无形可见，斯能浑天地万物以为魂；以无声可闻，斯能浑天地万物以为魄。凡造化所妙皆吾魂，凡造化所有皆吾魄，是体物而不可遗者也。《华严》云："勇健臂夜叉王得普入一切诸法义解脱门，无碍胜力主空神得普入一切无所着福德解脱门。"似这样鬼神，不是汝等烧纸钱泼水饭的，切莫认错了。

至诚、致曲二章

空生大觉中，如海一沤发。沤相未起，圆湛之体即诚。法尘既空，性觉之明自尽。内无其我，尽我之性矣；外无其人，尽人之性矣；远无其物，尽物之性矣。赞之参之，亦复如是。此即释氏圆顿之法门，直下见性者也。若夫致曲一法，又自明心而见性，盖心之初动为念，曲者，念头起处也。能知此念而非之，则灵光披露，本来面目，恬然妙有，生辉遍用，真常自在，此复其诚矣。然寂定不可无照慧，诚则有形也。照慧则能显事理，形则有著也。即事即理，而理无所碍，发越真精之明；即理即事，而事无所乖，应感活泼之动。到这里识相无相，真知无知，物则转为我矣，故曰变。我尚非我，心亦非心，体则浑成虚矣，故曰化。此由渐而入顿者也。如来逆流,自诚而明。菩萨顺至,自①明而诚。二法相融,便登妙觉果海,得以证夫恒闵。

予怀明德一节

《楞严》云:"于涅槃天,将大明悟,如鸡后鸣,瞻顾东方,已有精色。"予怀明德,不大②声以色也。"若以色见我,以音声求我,是人行邪道,不能见如来。"此声色之以化民,末也。古德云:"要观学人有余涅槃,炉中灰即是。"德辎如毛,毛犹有伦③也。又云:"要观学人无余涅槃,炉中灰飞尽即是。"上天之载,无声无臭,至矣。吹万曰:"若论明德之体,纯用声色;若论明德之用,纯体清净。一毛孔中尚有佛刹微尘数世界,何必拘拘于无声无臭也。第吾人日用视听言动,莫不是此无声无臭的所作为,只因知而故犯,尽皆当面错过了也。且道不曾错过的人,又向那里相见?夹路桃花风雨后,马蹄何处避残红。"

《论语》

六十而耳顺,七十而从心所欲,不逾矩

全声是性,耳不返闻;全性是声,听即着响。所以才举话

---

① 原文为"白",以意校为"自"。
② 原文为"太",以意校为"大"。
③ 原文为"轮",据《中庸》原文校为"伦"。

头,若聚聋①而鼓也。文殊云:"旋汝倒闻机,返闻闻自性。"盖众人只知耳为能闻之根,声为所闻之境,而不知更有闻闻者在焉。故仲尼谓颜渊曰:"若一志,无听之以耳而听之以心,无听之以心而听之以气。听止于耳,心止于符,气也者,虚而待物者也,惟道集虚。虚者,心斋也。"耳顺之功盖如此。既得是矣,即同观音大士所证之圆通,三十二应、十四无畏即从心所欲之道理也。古德云:"翠竹黄花非外境,白云明月露全身。头头尽是吾家物,信手拈来不是尘。"此便是不逾矩的说话。

君子不器

心随万境转,转处实能幽。随流认得性,无喜亦无忧。君子得此,则不局于其用,便证现一切色身三昧也!且道如何是现一切色身三昧?吹万曰:"三十辐共一毂,当其无,有车之用。"

君子无终食之间违仁,造次必于是,颠沛必于是

眠则同眠,起则同起,行则同行,语则同语。纵然一夜风吹去,只在芦花浅水边。自是不能违我者,谁能违之耶?古德云:"行亦②禅,坐亦③禅,语默动静体安然。纵遇风刀常坦坦,假饶毒药也闲闲。"此便是"必于是"的光景。

---

① 原文为"垄",以意校为"聋"。
② 原文为"一",以意校为"亦"。
③ 原文为"一",以意校为"亦"。

朝闻道，夕死可矣

道可闻耶？不可闻耶？夕可死耶？不可死耶？谓其可闻，洞庭之池乐鲜知。谓其不可闻，长舌之溪声遍晓。谓其可死，龙尚吟于枯木。谓其不可死，鹭却隐夫芦花。第圣人云夕死可者，讵谓道果朝闻而遂夕死者么？昔曹山见纸衣道人，问曰："如何是纸衣道人？"曰："一裘才着体，万法悉皆如。"山曰："如何是纸衣下事？"道人即立亡。山曰："汝只解恁么去，不解恁么来。"道人即醒曰："一灵真性不入胞胎时如何？"山曰："未是妙。"道人曰："如何是妙？"山曰："不借借。"道人即悟，至晚于方丈内跌坐而化。此正可通夕死之说。

君子之于天下也，无适也，无莫也，义之与比

若恋静洁处，静洁惹人困。若恋欢闹处，欢闹惹人狂。如水之就器，随方圆短长。此真应无所住之心也。君子得此而行之，但见干戈林里横身，色丝岂绊于跟下；荆棘丛中摆手，十字无关于口边。便可竿①木随身，逢场作戏去也。

一贯章

世尊拈花，迦叶破颜微笑。佛曰："吾有正法眼藏、涅槃妙

---

① 原文为"干"，以意校为"竿"。

心,及僧伽黎衣、四天王所献之钵,今付于汝。"迦叶领讫。一日,阿难请益迦叶曰:"世尊传衣钵①外,还付个甚么?"叶曰:"倒却门前刹②竿着。"盖拈花即一贯之举,微笑即唯应之纳③,忠恕刹竿,又演一番公案矣。吹万曰:"文殊无说,维摩默然,二大士是一是二?"

宰予昼寝。子曰:"朽木不可雕也,粪土之墙不可圬也,于予与何诛!"

阿那律陀出家,常乐睡眠。如来见之,以偈诃曰:"咄咄何为睡,螺蛳蚌蛤类。一睡一千年,不闻佛名字。"律陀闻是诃已,七日不眠,便失其目。世尊示以乐见照明金刚三昧,不因眼根,便观十方世界如掌中之果,后证旋见旋入④之圆通。但不知夫⑤子责宰予之后,彼亦有此大志么。

夫子之文章章

法眼问修山主:"毫厘有差,天地悬隔,汝作么生会?"修云:"毫厘有差,天地悬隔。"此在文章中会也。眼云:"恁么又争得!"修云:"某甲只如此,和尚又如何?"眼云:"毫厘有差,

---

① 原文有"后"字,当为衍字,故删。
② 原文为"插",以意校为"刹",下文"忠恕刹竿"之"刹",亦同于此。
③ 原文为"绌",以意校为"纳"。
④ 原文为"凡",以意校为"入"。
⑤ 原文为"大",以意校为"夫"。

天地悬隔。"修便礼拜。此在性道上会也。盖性无体，由虚与气，而有其体；天无形，由太虚而有其形；道无相，由气化而有其相。是道也，潜天而天，潜地而地，在于人物，故谓之性。性有文章，在乎所言。言有性道，在乎所以言。以性道显文章，故万物皆吾体；以文章参性道，故太虚皆吾用。然则可闻者青峰之语也，而不可闻者法眼之宗也。柏树偈曰："赵州柏树太无端，境上追寻也大难，处处绿杨堪系马，家家门首透长安。"吹万曰："水木无言，冷暖知夫饮者。"

回也不改其乐

手探月窟，足蹑天根。闲中今古，静里乾坤。回既得之矣，时为弱丧之穷儿，明受车中之宝；时为迷家之醉客，暗藏衣下之珠。活活泼泼，任运随缘也。且问如何是不改之乐？吹万曰："哑子吃黄连，这苦向谁说。"

谁能出不由户？何莫由斯道也！

有三摩提，名大佛顶首楞严王，具足万行，十方如来，一门超出妙庄严路。盖此路，圣不为有余，凡不为不足，千江一月，无增无减也。天为之变，则曰阴阳；地为之化，则曰柔刚；人为之道，则曰仁义。总一大哉乾元万物资始耳。第吾人四大，本乎一块血肉，然则眼耳鼻舌者，吾身之门户也。及乎见之明，听之聪，言之声，闻之通者，孰能为之耶？吹万曰："水向石边流出冷,风从花里过来香。有不知者,莫是举头鹞子过新罗乎?"

知之者不如好之者,好之者不如乐之者

知是妄念,不知是无记,是道岂容知之耶?有所好乐,则不得其正,是道岂容好之耶?内有喜悦,外有水灾,是道岂容乐之耶?盖天然神息,出敦化以无跄;活泼关头,摄川流而未起。圆圆陀陀,洒洒脱脱,无知也,无好也,无乐也,而无不知也,无不好也,无不乐也。

饭疏食章

世尊遇马麦之难。阿难白曰:"如来为太子时,珍馐玉馔,尚弗可口,而此马麦,何津津不厌也?"佛言:"我到这里,即草木瓦砾,皆成上味,何啻此麦乎!"试观物我忘机、心境一志时,则流水有伯牙之琴,凉飙动咸池之曲,碧岫庄花开之面,寒潭写月映之眉,味其无味,乐其非乐也,何用浮云之富贵为!吹万曰:"如来吉祥而逝之,仲尼曲肱而枕之,何寝止同归乎右胁!布袋和尚云:'弥勒真弥勒,分身千百亿。时时度时人,时人自不识。'"

二三子以我为隐乎？吾无隐乎尔。吾无行而不与二三子者，是丘也

　　山谷居士往依晦堂，乞指径捷处。堂曰："只如仲尼道'二三子以我为隐乎？吾无隐乎尔'者，太史居常如何理会？"公拟对，堂曰："不是，不是。"公迷闷不已，一日侍堂山行次，时岩桂盛放，堂曰："闻木樨花香么？"公曰："闻。"堂曰："吾无隐乎尔。"公释然，即拜之，曰："和尚得恁么老婆心切。"堂曰："只要公到家耳。"若是，岂独圣人无隐于弟子，即花木亦无隐于山谷也；不惟晦堂能转于法轮，即花木亦可以传心也。只因当面热瞒，各自昧却者多，纵令然诺暂相许，终是悠悠行路心，那得休歇去。

仁远乎哉？我欲仁，斯仁至矣

　　昔老宿自唤云："主人公。"自应云："诺。"又曰："惺惺着。"复自应云："诺。"又曰："他时后日，莫受人瞒。"复自应云："诺。"此欲仁仁至之道理也。如世尊问文殊云："如汝文殊，更有文殊，是文殊者，为无文殊？""如是世尊，我真文殊，无是文殊。何以故？若有是者，则二文殊。"然我今日，非无文殊，于中实无是非二相。若然者，则至的就是欲的，应的就是唤的，是的就是非的。倘能非是非非，非唤非应，非欲非至，则我者又是甚么东西也？一掷千金浑是胆，家无四壁不知贫。

子绝四章

《华严经》云："心不妄取过去法，亦不贪着未来事。不于现在有所住，了达三世悉空寂。"仲尼得之，空空洞洞，纯是太虚气象，毋意也；如如了了，纯是缉熙光景，毋必也；圆圆陀陀，纯是丕①显工夫，毋固也；洒洒脱脱，纯是先天宗趣，毋我也。体认至此，则太虚与事理无碍，缉熙遍不已之光，先天与声臭无关，丕②显垂悠久之德，若是则意为真常，必为真乐，我为真我，固为真净矣。欲泛涅槃天，须从这里过。

吾有知乎哉章

《圆觉经》云："譬如清净摩尼宝珠，映于五色，随方各现。"盖清净之珠，无知也；能映五色，空空也；随方各现，问叩之光景也。第所问既感，圣人在鄙夫光中；所叩既通，鄙夫在圣人镜里。谓两端，谓非两端。

喟然章

古德云："硬似绵团软似铁，六月炎天一点雪。露柱灯笼笑点头，哑人得梦向谁说。"这个是喟然的光景。《法华》云："一

---

① 原文为"不"，据《尚书·周书》："丕显哉，文王谟！"校为"丕"。
② 原文为"不"，据《尚书·周书》："丕显哉，文王谟！"校为"丕"。

光遍照东方万八千界,上至有顶,下至铁围,号曰无量义光,一切声闻二乘莫能测度。"及后三周九喻,四行六记,总释此光的注解耳。即仰钻瞻忽高坚前后者,亦若此光之莫测也。夫又何以知之耶?抑何以证之耶?必须渐次,徐徐善诱。初以文字语言而示其说通,继以实际理谛而指其宗通,始知此理赋之于未形之先,生之于既形之后,起坐相随,语默同居,罢之不可得也。参究至此,则内外根境、心意识相尽情扫荡,若竭吾才矣,久久似有一物隐隐呈露。讶,原来就是这个东西!若有形也,视之而弗见;若有声也,听之而弗闻;若可随也,从之无其后;若可迎也,接之无其前。《庄子》所谓离形去智同于大通者也。此不是未达一间,正是颜子自注喟然中之光景耳,予因标此章为"小法华"。

可与共学章

迷即生悟,此处即是钳锤;圣必因凡,何须别寻炉鞴。故始学之也,必先去其旧染而进修,学即释氏之三增道也;次而适道也,则信得及矣,便津津不失,故适道即释氏之信位也;又次而立也,根本不退,得入真子灌顶位,立即释氏之住位也;继而曰行、曰回向、曰十地,总入权巧中一法,所以谓之权者,即随缘不变,应事接物之道也。盖其学适道与立者,体也,实也;与权者,用也。想其鸿荒未凿,一息成万有之机;霄壤既形,大地尽真源之府。孰为体?孰为用?南泉云:"王老师有一头水牯牛,拟放溪西牧,未免侵他国王水土;拟放溪东牧,未免侵他国王水土。不如随分纳些些，总不见得。"

未知生焉知死

生者非生也，而生生者未尝始；死者非死也，而死死者未尝终。《庄子》云："善吾生者，乃所以善吾死；善吾死者，乃所以善吾生。"盖善吾生、善吾死者，理与气也。气以行乎理，理以载乎气，理与气而已。理气相守谓之生，理气相离谓之死。第今之所云"未知生"者，谓吾人日用所作、所为处，是生也。若知得生的，就知得死的，便可死得。若未能知生，则不能知死，却死不得。

颜渊问仁章

须菩提问："云何应住？云何降伏其心？"颜渊问仁也。世尊云："应如是住，如是降伏其心。"克己复礼也。"如是度尽无量无边众生，实无一众生得灭度者。"天下归仁也。"不应住色生心，不应住声香味触法生心。"非礼勿视听言动也。所云如是者，指这个是也。住处是伏处，伏的是住的，即克处是复处，复的是克的耳。得此浑融之妙，目则无视无不视，耳则无闻无不闻，口则无言无不言，身则无动无不动。借问故园隐君子，时时来往住人间，何碍之有？

当仁不让于师

　　黄檗问百丈曰:"古人错答一转语,堕野狐五百生。若转转不错,当作甚么人?"丈云:"你过来为汝说。"黄檗遂进闻,与百丈师一掌。百丈云:"将谓胡须赤,更有赤胡须。"又临济见黄檗曰:"大愚道和尚老婆心太切。"檗曰:"大愚太饶舌,待他来,好与一掌。"临济便向前一掌云:"何必待他来。"据此二端,真当仁不让也。大修行人,到此境界,若接马驹之刀,无容躲闪,躲闪则丧身失命。如当石巩之箭,不得退藏,退藏则带角披毛。所谓见过于师,方堪传授也。

予欲无言章

　　古德云:"多言多虑,转不相应;绝言绝虑,无处不通。"盖予欲无言者,即多言数穷,不如守中也,如来谓之良久,维摩谓之默然。虽然无言无说,而碓嘴磨盘,犹自开花结实也。复有哭金钱的小儿向前,亦未免孔老子出黄叶以止之,乃曰:"天何言哉,四时行焉,百物生焉,天何言哉!"这正是"一庵深藏霹雳舌,从教万象自分说"的道理。昔药山久不升座,院主云:"大众久思示诲,请和尚为众说法。"山令打鼓,众方集,山升座,良久,便下座归方丈。主①后随问:"和尚适来许为众说法,云何

---

①　原文为"上",以意校为"主"。

不垂一言？"山云："经有经师，论有论师，争怪得老僧！"

《孟子》

"敢问夫子恶乎长？"曰"我知言"四节

裴休公因见高僧真仪，问于黄檗曰："真仪可观，高僧何在？"檗朗声曰："裴休！"公应诺。檗曰："在甚么处？"公当下知旨，如获髻珠，曰："吾师真善知识也，示人克的若是，何故汨没于此乎！"若裴公者，可谓知言者也。宗密云："元亨利贞，乾之德也，始于一气；常乐我净，佛之德也，本乎一心。专一气而致柔，修一心而成道。"若宗密者，可谓善养吾浩然之气者也。有太虚然后有气化，有气化然后有知觉。知觉即心也，太虚之气即浩然之气也，知外无气，气外无知。所谓知言者，非知其言也，知其所以言也，而其析①以言之者，浩然之气也。何尝二耶？故孟子有难言之说。若知"难言"二字则已言之矣，何得不言，所以画出浩然之光景，示其直养之工夫！古德云："一念万年去，一条白练去，寒灰枯木去。"就是这个道理。第天地万物，皆由此气而化，本自刚大，本自充塞，非实有所知而能知，非实有所养而能养。知无能知故云知，养无能养故云养，始得不害而充塞也。然此充塞之妙，不离寻常日用。行之于义则配义，故义可充塞；行之于道则配道，故道可充塞。无是浩然之气，则孰为义？

---

① 原文为"祈"，以意校为"析"。

孰为道？学者不可不知。

乍见孺子一节

如来睹星，阿难见相，灵云观花，道圆过涧，审是四端，即此乍见孺子之心也。观彼气淑风温，化母之灵英必露；江清宿朗，孤轮之素影先辉。若谷语传声而不待安排，似形来照镜而无容拟意。正恁么时，本来面目已披露矣，何更骑牛觅牛耶？大慧云："世间离生灭，犹如虚空华。智不得有无，而兴大悲心。一切法如幻，远离于心识。智不得有无，而兴大悲心。"不因纳①交、要誉、恶声，而有怵惕、恻隐之心者，亦复如是。

颜渊曰："舜何人也，予何人也，有为者亦若是。"

百丈幼时随母入佛殿，指佛相而问母曰："此是何人？"母曰："是佛。"百丈曰："佛与人无异，我后日当作焉。"可见大乘根器，自己灵觉不昧，不假他人钳锤也。回之所云，得不谓之大心凡夫耶？古德云："具足凡夫法，凡夫不知；具足圣人法，圣人不晓。"圣人若晓，即同凡夫；凡夫若知，即成圣人。吾想圣人是以凡夫之知为不晓，故不得为凡夫也；凡夫必以圣人之不晓为知，故可以为圣人也。有僧问大珠和尚曰："如何是大涅槃？"珠曰："不造生死业是大涅槃。"僧曰："如何是不造生死业？"珠

---

① 原文为"内"，以意校为"纳"。

曰："求大涅槃是生死业，舍闹取静是生死业，有证有得是生死业，不脱对治门是生死业。"若据此一说，则佛生圣凡皆着落不得，百丈颜渊不免于此杜舌。

象日以杀舜为事

象之害舜，即提婆之害佛也。舜为天子而封象，即佛为释尊而授记提婆也。在舜则曰："仁人之于弟也，不藏怒焉，不宿怨焉，亲爱之而已矣，故封之。"在佛则以为说法之师，而成我之大慈忍力者也，故授记。可见圣人之心所同然，皆等冤亲为一致也。吹万曰："镬汤炉炭之①中，别有清凉；剑树刀山个里，更无热恼。舜帝、释迦都在这里去。"

夭寿不贰，修身以俟之，所以立命也

《文始经》曰："人生在世，有生一日死者，有生十年死者，有生百年死者。"一日死者如一息得道，十年百年死者如历久得道。彼未死者，虽动作昭著，止名为生，不名为死。彼未契道者，虽动作昭著，止名为事，不名为道。以是观之，则彭年不为长，殇子不为短也。昔有僧问老宿云："生死到来时如何？"宿云："茶来吃茶，饭来吃饭。"此言可为修身立命之鼻祖。

---

① 原文为"可"，以意校为"之"。

卷　二

玄　宗

　　孟起王先生曰："老子所贵道无为，故其著书称微妙。"太史公谓其言至深远矣。老子岂故创为异说，以滋天下之惑，必使人若其道而化哉！亦见所独到处甚高，故其言始不与世合。夫天地人物，始初果有乎？诚无之也。探造化之根源，发玄微之妙旨，致虚守静，自有而无，乃可长生久视耳。至若雌雄白黑刚柔取与，乃其所明御世之术，恬淡无为之妙也，讵未深于道者所能测识。尝考轩岐氏之言曰："无劳尔形，无摇尔精，乃可长生。"则所谓无为者，盖自有焉，而非故为异说者也。又孔子问礼而有犹龙之叹，尹喜望紫气而授道德之书，盖玄教自此始也。李清庵曰："今人日用中，较勘这个巍巍活泼泼地不与诸缘作对的，是个甚么？较勘去较勘来，到较勘不得处，忽然抹着鼻孔，通身汗下，方知这个原是自①家有的，自历劫以来不曾变。"丘长春曰："本来真性是金丹，四假为炉炼作团。"又云："未至真空，阳神

---

① 原文为"有"，以意校为"自"。

难出。未至真空，虽阴神亦难出。"据此诸老转语，似与吾佛之教，同门而异户也。彼方士者流，多以房术炉火为金丹，踵息炼气为上乘，按摩运转为功用，复以六十四卦①而配为升降，年、月、日、时而攒火候。其中妄立铅汞龙虎、婴儿姹女、丁公黄婆、玉炉金鼎、黄芽白雪、素练青衣、十月九转之轨则，而谓之玄妙者，是皆背清净无为之本、性觉妙明之真，讹传讹受而流浪生死也。纵尔成功，亦不外十种之行仙，难以返夫大觉，故寒山斥为守尸鬼，玄沙叱作魂不散的死人也。昔杨道生请益于太虚元真人，真人曰："吾不知汝欲为方士耶？欲为道士耶？若欲为方士，可学采战烧丹种种术法。若欲为道士，须体会虚无大道。"道生曰："虚无大道，可长生否？"真人曰："虚无自然，与虚空同体，亦无虚空之体，说甚么长年短年！"道生曰："不有以神驭气乎？"真人曰："饶他以神驭气，也落第二义，为他只在躯壳上做工夫，更不去心地上下工夫。"传其术者又多舛谬，岂不闻文始真人曰："能见精神而久生，能忘精神而超生。"忘精神者，到虚极静笃处，精自然化气，气自然化神，神自然还虚，此举上而该下也，了性而自了命者也。见精神者，虚静以为体，火符以为用，炼精化气，炼气化神，炼神还虚，此自下而做向上者，了命而性因以存也。此二端大小不同，而皆有益于人，非傍门邪术劳而无成者。盖见精神者，即吾教天台之《童蒙止观》也；忘精神者，即吾教天台之《大乘止观》也。由是而得之，谓之金是也；由是而证之，谓之长生也。又安知金丹乃圆觉之别号，长生为无

---

① 原文为"封"，以意校为"卦"。

生之异名哉！奈之何叔世学者，各立门户，互相去取，憎爱于其间，良可哂也！吹万曰："可惜僧人薛道光，参禅昧却法中王。纵然醉得蟠桃酒，总是迷头抱镜狂。"

《道德经》

道可道章

《金刚经》云："一合相者，即是不可说。"但凡夫之人，贪着其事，此故示以真常之道也。寺主问拾得曰："汝名拾得，乃丰干禅师拾得汝归，故名拾得，毕竟从来唤作甚么？"拾得提起扫帚而立，此显真常之名也。然无处即有，有处即无，不有而有，不无而无，故为天地之始，万物之母。只这能始能母者，贯四时而不改，恒随缘而不迁。若无欲也，无以探其静中之至动；若有欲也，有以见其实中之至虚。斯之谓妙，斯之谓徼也。夫此妙、徼两者，又何缘而同出？亦何因而异名耶？徼者，虚也，静也，不空而空者也。妙者，实也，动也，不有而有者也。动中有静，静中有动，虚中有实，实中有虚，同谓之玄，玄之又玄也。森罗万象，依之而立。百昌众甫，关之而成。四大六根，由之以生。三身四智，摄之而得也。故曰众妙之门。

天下皆知章

古德云："境缘无好丑，好丑起于心。心若不强名，妄情从何起?"故执之为美者不美,执之为善者不善。不独此也,即有无、难易、长短、高下、声音、前后,应知亦复如是。是以圣人处无为之事,菩萨生无住之心,圣人行不言之教,菩萨说无说之经。无作也,无生也,无为也,而无不作也,而无不生也,而无不为也。所以功成而不知以为功,有居即有得,有得即有失,不居不去,正无得而无失。

不尚贤

南泉谓赵州曰:"平常心是道。"盖道体本平常,而用亦平常,若尚贤贵货,不平常矣。不尚贤,不贵货,能于百花林里过,一叶不粘身,所以心常虚而腹常实。根身既尔,器界亦然,夫何为而不治!

吾不知其谁之子,象帝之先

有僧于石上坐次,堂头见而问曰:"汝在此作甚么?"曰:"一物不为。"曰:"恁么则闲坐也。"曰:"闲坐则有为矣。"曰:"汝道不为,不为个甚么?"曰:"千圣亦不识。"偈曰:"从来共住不知名,任运相将只么行。自古上贤犹不识,造次凡流岂可明。"诸人若于这里明得,便可和光同尘,湛然而若存矣。谁之子,帝之先,不离当处。

天地不仁

菩萨应如是度尽无量无边众生，实无一众生得灭度者，此皆不仁故也。所以万物百姓之去取生杀，若刍狗之用之弃之者，特自然之随顺觉性耳，何尝用心哉。故天地之道，其犹橐籥。盖橐籥虚静而不动，即无屈而不减；动运而愈出，虽遍满而无增。此其至中乎，存之者即言而无言，即穷而不穷也。

谷神不死

随缘不变，不变随缘者，此谷神也。从来活泼泼底，不是死物，但视之不见，听之不闻，搏之不得，捉之无形，无而有，有而无，玄之又玄者也。《圆觉经》云："无上法王有大陀罗尼门，名为圆觉，流出一切清净真如、菩提涅槃及波罗蜜。"故玄牝之门即造化之牝母也，谓之天地之根，吾人得之而处中乃可。

圣人后其身而身先，外其身而身存

学人应观，发毛爪齿、皮肤骨肉皆归于地，涕唾津精、涎血便沫皆归于水，暖气归火，动转归风。嗟哉！是四大也，旋聚旋散，却属无常，洵我身耶？非我身耶？而令我视听言动、行住坐卧者果谁？曰毕竟是谁？若于此透过这一关，始得非相即相、即相非相矣。古德云："易复易，只此五蕴有真智。十方世界一乘同，无量法身岂有二？"后其身，外其身，亦当如是究。

上善若水

佛性如流水，自处万物之下，斯一下矣，随所方而方，随所圆而圆，随所长而长，随所短而短，纯是一个随顺觉性，所以性空真水，性水真空，本如来藏，妙真如性。

故有之以为利，无之以为用

依空立世界，以无为万有，此造化之利也，造化之用也。有则不立一尘，无则横遍十方，此法性之利也，法性之用也。又安知利与用，有与无，即诚之通且复也，可索而味矣。

是以圣人为腹不为目

不应住色生心，不应住声、香、味、触、法生心，应生无所住心。要知"见色闻声也不妨，百花影里绣鸳鸯。自从识得金针后，一任风吹满袖香"。如此又见色、声、香、味，亦能证得圆通也，故老子为腹不为目。

致虚极，守静笃，万物并作，吾以观其复

复，天心也。一切万物，皆在此中生，故必虚极静笃，然后

见。邵尧夫曰:"冬至子之半,天心无改移。一阳初动处,万物未生时。玄酒味方淡,太音声正希。此言如不信,更请问庖羲。"且道庖羲只今在甚么处?吹万曰:"清净本然,云何忽生山河大地。"

有物混成,先天地生,寂兮寥兮,独立而不改,周行而不殆,可以为天下母,吾不知其名,字之曰道

云门大师云:"乾坤之内,宇宙之间,中有一宝,秘在形山。"拈灯笼向佛殿里,将三门来灯笼上,只这独立而不改,周行而不殆者,老氏字之曰道,云门名之曰宝。彻上彻下,若夜水之金波,浮于桂影;明山白地,似秋风之雪阵,拥夫芦花。几度挺向人前,而诸人莫睹也。且道更有向上人会得这个么?吹万曰:"闻道仙郎歌《白雪》,从来此曲和人稀。"

是以圣人常善救人,故无弃人,常善救物,故无弃物

血气之属必有知,凡有知者必同体,故无弃人也。溪声尽是广长舌,山色无非清净身,故无弃物也。夫岂独是而然哉!除烦恼而趣涅槃,喻去形而觅影。离众生而求佛果,喻默声而求响。此亦故无弃人也。本迷摩尼谓瓦砾,豁然自觉是珍珠。无明智慧等无异,当知万法即皆如。此亦故无弃物也。善救之理,须从这里去。

昔之得一者，天得一以清，地得一以宁

古德云："天得一以清，地得一以宁，神得一以灵，谷得一以盈，万物得一以生，侯王得一以为天下贞，衲僧得一祸患临身。"且道衲僧既得一，为甚么又祸患临身？吹万曰："杀父，杀母，害罗汉，破散僧众，恶心出佛身血，俱缘此一而有。若得此一竖立起来，左右无依无倚，始得冤家解脱去。"

不笑不足以为道

世尊拈花，迦叶破颜微笑。只此一笑，熊山髓度于慧可，壁观岩边；南岳心传于马驹，踏杀天下。然非下士之笑也。古德云："一僧一道一儒流，三人共话几春秋。不知说个何年事，直到而今笑未休。"且道笑个甚么？他的咱，却原来就是我的你。

道生一，一生二，二生三，三生万物。万物负阴而抱阳，冲气以为和

性觉妙明，本觉明妙，此道之一也。觉非所明，因明立所，一生二也。所既妄立，生汝妄能，二生三也。三既生矣，则世界相续，众生相续，业果亦相续矣。然斯三者，虽有同异之分，而其所源，本如来藏妙真如性，故曰万物负阴而抱阳，冲气以为和。第此冲气之和，只今还有人会得么？露湿淡红桃，开启灵云

之笑；风摇浅碧竹，响动香严之声。这里会去，萧条已入寒空静；如或未然，风沓仍随秋雨飞。

躁胜寒，静胜热，清净为天下正

剑树刀山，青莲香夫腊月，躁胜寒也。烟坑火堑，白雪飘于炎天，静胜热也。能如是则真常自清，真常自静，而常清静矣。古德云："逆境界易打，顺境界难打。逆我意者只消一个'忍'字，只过半个时辰便了。顺我意者，只是无你安排处。"所以菩萨怕顺境，凡夫怕逆境也。吹万曰："欲得清净门头正，莫存逆顺始优游。"

为学日益，为道日损。损之又损，以至于无为，无为而无不为矣

一切菩萨及末世众生，应当远离一切幻化虚妄境界。由坚执持远离心故，心如幻者亦复远离，远离为幻亦复远离，离远离幻亦复远离。得无所离，即除诸幻，此损之又损，以至于无为也。若能转物，则同如来。身心圆明，不动道场。于一毛端，便能含受十方国土，此无为而无不为矣。以是观之，黄老瞿昙，何尝为二也。吹万曰："傅大士头顶道冠，身着袈裟，足蹑儒履，见于梁帝。且问这个又是甚么榜样？今日还同犯牛斗，乘槎共泛海潮归。"

为无为，事无事，味无味

　　白云淡伫，出没太空之中；青萝贪缘，直上寒松之顶，此为无为耶？片雪滴炉中之火，一叶落天下之秋，此事无事耶？普周沙界浑成饭，鼻孔累垂信饱餐，此味无味耶？果能如是，则无为而无不为，无事而无不事，无味而无不味。局破腰间斧柯烂，洗清凡骨共仙游，好不脱洒，咦！

知不知，上；不知知，病

　　知见立知，即无明本，此不知知，病也。知见无见，斯即涅槃，此知不知，上也。空里流霜不觉飞，汀上白沙看不见，果知乎？不知乎？鸿雁长飞光不度，鱼龙潜跃水成文，亦果知乎？不知乎？南泉云："知是妄念，不知是无记。"吾愿诸学人，处乎知与不知之间而已矣，切莫动着，动着三十棒。

《南华经》

何不树之于无何有之乡，广莫之野

　　菩萨有不思议解脱门，能大能小，能升能降，能有能无，能圆能方，非执一者之所可入，亦非边见者之所可到也。故鹏虽举九万里而不能抢榆枋，蜩鸠笑也。蟪蛄不知春秋，冥灵不终朝暮，是皆大不能于小，而小不能于大也。夫"知效一官，行被一乡"者，凡夫禅也。定乎内外之分，辩乎荣辱之境者，声闻禅也。御风者旬有五日而后反，犹有所待也，二乘之禅也。独看积素凝清禁，许之不受天下也；已觉轻寒让太阳，尧之授天下也。然让与不受，各各自立，其实之宾，岂若御六气之辩以游无穷之人，及藐姑射之山淖约若处子之神，孰弊弊焉以天下为事，又孰肯以物为事，是得事事无碍之法界也。能如是，则常处于无何有之乡，广莫之野，而于世何思何议哉！所以小用大用，皆有所待，不得逍遥。惟无所用，则无所待而成无为，无为而无不为矣，斯则谓之真逍遥。

吾丧我

尽十方世界是我，而何尝有我；尽十方世界非我，而何尝无我。有我则有物，而物亦我也；有物则有我，而我亦物也。孰能脱物我、一是非、齐得丧哉！释氏曰："一人发真归元，十方虚空悉皆销殒。"盖丧我然后归元，无我然后销界，是吾不知有我，故不知有世界也。如是则能敛万有于一息，无有一物可役吾之明彻；散一息于万有，无有一物可问吾之营为。故元卓之《梦蝶论》云："灵源湛寂，触处皆知；变化代兴，随遇无择。所以篇立子綦之丧我，齐物之端已开；言寓庄周之梦蝶，无我之意竟显。噫，举世皆梦，天下一蝶也，孰为我？孰为物？"

庖丁为文惠君解牛

沩山之牛既肥,功归庖氏;广额之刀已掷,因自惠君。盖刀非厚薄之伦,牛岂水草之属?意者宿亲幻智,借为能奏之刀;方现妄情,视作可解之畜。若实有牛有刀,宛然能所俱立;如或无形无迹,灼尔物我同虚。所以刃潜生杀之机,目绝有无之境。正所谓离心冥物,未尝见牛,乘虚原①理,未尝游刃者也。懒安曰:"予亦守栏二十年,始得见牛。"第今之解牛者,且问能解此栏中牛也么?

心 斋

禅那空阴界之尘,奢摩销飞沉之想。六窗普映于室中,二谛双融于个里。秋清月朗,河淡斗垂,正所谓江天一色,潮海连平也。吹万曰:"是心亦无,斋个甚么?霜林夜动,响传落叶之声;天籁晓闻,静发清机之窍。谓心可也,非心亦可也;谓斋非也,不斋亦非也。复有个昏荒颠倒不为醉、滥误疑混不为杀的出来,又作么生?"

坐 忘

世界为床,身在海中谁是水?须弥为座,日来岭上莫寻山。

---

① 原文为"愿",以意校为"原"。

假饶四大本空,能坐之人孰有?若也三身现前,可忘之坐焉需?应知坐无所坐、忘无所忘者,是真坐也。且仁义无体,滞之者妄为仁义;礼乐无名,执之者幻成礼乐。况复智慧愚痴咸般若,黜的阿谁?幻化空身即法身,鉴个甚么?佛印曰:"赵州昔日少谦光,不出山门见赵王。怎似金山无量相,大千尽是一禅床。"坐的忘的,总出这一着不得。且道还有出得者么?吹万曰:"椰栗担挑华藏界,维摩掌上未为多。"

壶 子

西天大耳三藏得他心慧眼,帝令与慧忠国师试验。师曰:"汝道老僧即今在甚么处?"曰:"和尚是一国之师,何得却去西川看竞渡?"师再问:"汝道老僧即今在甚么处?"曰:"和尚是一国之师,何得却在天津桥上看弄猢狲?"师第三问,语亦同前。三藏良久,罔知去处。师叱曰:"这野狐精,他心通在甚么处?"僧问仰山曰:"三藏第三度为甚么不见国师?"仰山曰:"前二度是涉境心,后入自受用三昧,所以不见。"今之壶子试其神巫者,初示之以地文,是殆见吾杜德机也,故叹之以其死。再示之以天壤,是殆见吾善者机也,故幸之以其生。三示之太冲莫胜,是殆见吾衡气机也,彼故以为不斋①。然斯三者,既有试验之萌,则机未动而兆已先施,心未形而相已披露,故彼得而见之也。及后示之以未始出吾宗,吾与之虚而委蛇,不知其谁何,彼则立未定

---

① 原文为"齐",以意校为"斋"。

自失而走，则壶子之心已太虚矣。太虚之体，空明妙湛，总持万有，谁得而测之！然则慧忠国师与壶子是同是别？若曰同，断云将野鹤俱飞，竹响共雨声相乱；若曰别，是处峨眉峰顶现，千红万紫斗芳妍。

玄　珠

道之切于身，若影之切于形，夫复何离！盖一游之，一登之，则本静之体既动，知觉生矣；未萌之窍已开，精明现矣；含讷之朴始露，辩才出矣，故玄珠亦由是而失也。然罔象者，无象之象，所谓养其无象象故长存，守其无体体故全真，正能使之而能得之也。吹万曰："本自无失，得个甚么？本自无用，使个甚么？风飘律吕相和切，月①傍关山几处明。焉有游北登丘，南望还归之想！"

濠梁之上

周之乐也，不在鱼，在乎见见之至真；鱼之乐也，不在水，在乎游游之一致。故不期见而见，不以乐而乐者，诚不改之乐也。然惠子之见，果不知耶？其说曰："子非鱼，安知鱼之乐？"既非鱼矣，则亦非周矣，物我岂无同哉！又曰："子非我，安知我不知鱼之乐？"既非我矣，则亦非惠矣，彼我岂有异哉！又安

---

①　原文为"日"，以意校为"月"。杜甫《吹笛》："风飘律吕相和切，月傍关山几处明。"

知世界一水也，彼我一鱼也，乌足乐？乌足不乐？故云："请循其本。"

坠 车

酒之醉于形，形不知车，坠不知伤；道之醉于心，内不知身，外不知物。故全其天者，即全其酒者也。盖车，吾之精神魂魄也；路，吾之动静行藏也；坠地，吾之薪火交炽①相趋也。是三者，并突乎吾前，吾但以实而宰，虚而用，自觉法界之宽，剑佩身随玉墀步；世路之平，衣冠身惹御炉香。吹万曰："假如世界未成时，众生未有时，佛未说法时，汝等以为车，乘者谁耶？坠者又谁耶？"良久云："太湖三万六千顷，月在波中说向谁。"

道 术

吾人饥餐倦眠，热举扇，冷加衣，此玄者之道术也。周旋曲折，主宾少长，此儒者之道术也。扬眉瞬目，叫即应，打即痛，此释者之道术也。斯三者，乃与生不生，即灭不灭，亘古不磨之仪式也。所谓礼乐文章，道德仁义，特②标月之指耳。孰能借标以觊指，舍指而得月？故数子者皆闻其风而悦之也。庞公曰："难，难，十担油麻树上摊。"庞婆曰："易，易，百草头边祖师意。"灵照曰："也不难，也不易，饥来吃饭困来睡。"向上者，

---

① 原文为"识"，以意校为"炽"。
② 原文"特"字后衍"月之"二字，以意删去。

当于此荐取。

《文始经》

圣人之权归于无所得，惟无所得，所以为道

道性如虚空，虚空本不修。执持者弄傀儡于线上，操修者拨浮沤于火中，庸讵知无作无为，则真常自静，道用自彰。夫岂有所得而得之耶？惟无所得故得之也。释氏曰："菩提实不可得，若于一切法无所得，是名得菩提。"又云："圆满菩提，归无所得。"盖圣人之权归于无所得者，果能得归，即无所得亦不可得。以不可得故，法界一权也，虚空一实也，万有一道也，何所归？何所不归？

是以圣人不去天地，去识

天地一也，而曰梦，曰鉴，曰水，三也。然境非三而终一，天非一而终三。是一是三，不在境，在识。识不自识，因境以生。境不有境，由识而着。释氏曰："三界唯心，万法唯识。"谁是能去之者？若独去其识，犹伏牛而迹在。若并灭其境，似捕鼠而瓮亡，又安知天地一识也。识亦天地也，惟识无所识，去无所去，始得谓之真去识。

夫忘精神而超生者，吾尝言之矣

云有觉者，幻相未离；有忘者，识根尚在。夫忘无可忘，色相宛然随好；越无能越，精神倏尔成虚。且精神也者，非寒热水火之谓，乃至妙至秘之道也。矧是道，语动则楼台宝网尽演妙音，语静则春江花月咸成一色，而吾人之出入往来于其间，犹礨空之在大泽也，稊米之在大仓也，夫何忘之与有！

惟圣人能神神而不神于神

灵荒展万化之源，湫盘昌群英之本。孰主张是？孰纲维是？若然者，缩沙劫于一息、履尘刹于一步者能之。故天地，特造物中一物耳，与共纳须弥以芥子，出虚空于浮沤，是此能性一切性，而不为诸物所转。所以大天地以役有形、妙阴阳以役有气者，诚吾之无形无气也。故曰："能神神而不神于神。"

圣人御物以心，摄心以性，则心同造化五行，亦不可拘

以心御物，则识所识现矣；以性摄心，则觉所觉立矣，安能心同造化？夫造者，自无之中而有，然有而不有。化者，自有之中而无，然无而不无。大则看不见，小则无边际，古人所谓一段真风、绵绵化母者也。霄壤根之而成界，清浊滞之而成物，寂然隐之为无明父，元扰润之为相续业。本自无可拘，本自无可名，由

念而有拘,因用而得名也。然圣人以之而御物,故字之曰心。以之而摄心,故名之曰性。若有若无,若动若静,而无方体者,故宗之曰造化,象之曰五行也。吹万曰:"且道这个能造能化的东西,只今在甚么处?"自代云:"水流原在海,月落不离天。"

物不知我,我不知物

由物而生觉,故物各有知。以我而对物,故物各有我。谓不知者,果忘我而不知耶?抑忘物而不知耶?忘我而不知物之知存,忘物而不知我之知在,乌得同然而不知乎?所以然者,天地一物也,万物一我也。吾以未始,游则刹海悉融于一默;吾以有始,用则亿身充遍于十方□①。天地根,吾根;万物体,吾体,是不容于知也,故曰不知。

---

① 原文漫漶不可识。

卷 三

释 宗

　　世尊拈花，迦叶破颜微笑。盖此花自日月灯明来，至于阿难，则又倒却门前刹①竿矣。展转相传，如一灯然百千灯，明明无尽，故西天所以有二十八祖也。末后菩提达摩，则为东土初祖。熊耳之壁，观髓总浚于神光；黄梅之偈，呈心却传夫怀让②。继而有瞬目③、扬眉、擎拳、举指者，或行棒、行喝、竖拂、拈锤者，或持叉、张弓、辊球、舞笏者，或拽石、搬土④、打鼓、吹毛者，或一默、一言、一吁、一笑者，皆不离这夜夜同眠、朝朝共起的东西，于日用中朝三暮四、朝四暮三耳，且道今日落在吹万和尚处，又作么生？南山之竹，羖羊之毛，卷析尘中扬缀露，眼开壁上点扶摇，书单越于两央，画浮提于半刀，以之写须弥则量等须弥，以之写法界则光充法界，以之传真真不立，以之分妄妄本空。试问："山未产竹时，地未生羊时，佛未说法时，

---

① 原文为"揷"，以意校为"刹"。
② 原文为"护"，以意校为"让"。
③ 原文为"日"，以意校为"目"。
④ 原文为"上"，以意校为"土"。

写个甚么？注个甚么？"曰："不道写注不得，只是诸人难识。"

《心经》

总　说

临济拈云："有一无位真人，在汝等面门出入，未据证者看看。"只此一转语，大似露出自在菩萨矣。第性体冲漠，无处不周，烦恼不乱，禅定不寂。谓其有兮，则不立纤尘；谓其无兮，则横遍十方。非内非外，而能内外。非有非无，而能有无。非动非静，而能动静。随缘不变，不变随缘，自自在在者也。菩萨观之而取证，故名曰自在菩萨也。行之而至于究竟本源处，故云甚深般若也。劈破面门，通身露出，举步踏着，开口道着，夜夜同眠，朝朝共起，故云时也。然观者不观之以目，而观之以耳，照者不照之以心，而照之以虚。耳返于虚，五蕴即空矣。空非空无之空，乃五蕴转复乎本源，而同一佛性，故云空也。永嘉所谓"无明识性即佛性"，正见色空不异也。五蕴既归于真空，何尝生灭增减，故根非色质之根，乃清白梵行之相也；尘非对我之尘，乃无量之妙义也；识非妄生之识，乃恒沙之妙用也；示四谛非四谛，借黄花而显相；示因缘非因缘，假翠竹以现形，故云无眼耳、无苦集、无生老也。菩萨于此兴如幻三昧，而随流得性，故云远离。诸佛以此具足圆觉，而能住持，故云菩提。吹万曰："本自不迷，用悟作么？本自无失，得个甚么？昨夜龙宫熏象藏，洒落须弥遍地金。持念《心经》者，亦复如是。"

《金刚经》

大 义

《金刚经》者，乃三藏之骨髓。而四句偈，是经之骨髓。所以须菩提首问"云何应住，云何降伏"，启四句偈之旨也。世尊答"应如是住，如是降伏"，显四句偈之妙也。种种譬喻，多以布施功德为较量者，证四句偈之无穷也。及至云何为人演说、不取于相、如如不动，提四句偈之究竟也。夫何以谓之四句偈也？傅大士云："若论四句偈，应当不离身。"如如居士颜柄曰："生死不能汩，凡圣立下风。在于寻常日用中，字字放光，头头显露，初无一点文墨污，惟有过量人，方知鼻孔原来在面上。"以此观之，则世尊亦未尝说出，欲令人不取于法相，而自契本地风光者也。何往往执文泥象之流，擅来肉上剜疮，眼中着屑，苦苦穿凿，如此或以经中见成四句偈而参者，此声闻之见解也；或以随意到处，而拈为偈以悟者，此菩萨之见解也；又或者曰无法、无非法，无人、无我，无生、无灭，无佛、无众生，以此无作无为而为偈者，此外道之见解也。在如来则不然，本自无法可说，是名说法；本自无生，今亦无灭；本无菩萨，亦无菩萨字；本无四句偈，亦无四句偈字；本无菩提，亦无成菩提者；本来无佛，亦无成佛者；本无众生，亦无号众生者；自性如如，常住于世，不容一物而不碍一物，是则名为真四句偈也。且世尊住世四十九年，说法五千余卷，乃独难说此四句偈耶？是偈本不容说，说则反落为文字而成死偈，致人不去分中寻活偈也。若会得活的，则部部字字皆为真偈，即曰醍醐。如或未然，则部部字字皆为文字，而成毒药。

须菩提请问云何应住节

须菩提问："云何应住？云何降伏其心？"此即文殊白椎之请，非教相启问之语也。世尊云："应如是住，如是降伏其心。"这一转语又令良马见鞭影而行，非答辞下注脚也。义学之师多有不会本地金刚，错认"如是"二字，或指东画西、引前结后而解，所以古佛过去久矣。独如如居士颜柄释曰："如是者，只这是也。"略有少分相应。不见大珠慧海禅师初参马祖，祖问曰："从何处来？"曰："越州大云寺来。"祖曰："来此拟求何事？"曰："来求佛法。"祖曰："自家宝藏不顾，抛家散走作甚么？我这里一物也无，求甚么佛法！"师遂礼拜，问曰："阿那个是慧海自家宝藏？"祖曰："即今问我者，是汝宝藏，一切具足，更无欠少，使用自在，何假向外求觅！"师于言下自识本心。若会得此经问答，即与此段公案相合，问处即住处，住处即降伏，何劳捕影寻踪、牵藤引蔓也，向上者当着眼！

九种众生

九种众生者，有因有果，多以《楞严》十二类生解者，犹未得其旨也。何也？十二类生，即四生可统矣，而后五种乃色界、无色界天人也，安能以萤蚌销沉、鬼神木石、蒲芦枭獍①而解之耶？如卵生则以迷性为因，故无明凝结而造业；胎生则以习性为因，故杂染烦恼而流转；湿生则以随邪性为因，故欲爱浸淫而使心不定；化生则以见趣性为因，故彻起善恶妄缘而入天堂地狱；若有色者，谓起心修心，妄见是非，内不契无相之理为因，其所证初禅天至四禅天诸天人，此天人但有色身，而无男女之根，绝其情欲也；若无色者，谓内心守直，不行恭敬供养，但言直心是佛，不修福慧为因，其所证即无色界之诸天人，无有色身，惟一灵识而已；若有想者，谓不了中道，眼见、耳闻、心想、思惟，爱着法相，口说佛行，心不依佛为因，其所证即有想天之诸天人，亦无色身，惟微想念而已；若无想者，谓迷人坐禅，一向除妄，不举慈悲喜舍、智慧、方便，犹如木石，无有作用为因，其所证即无想天之诸天人，但一念寂然不动而已；若非有想非无想者，谓不着有无二法想，然有求理之心在，以此为因，其所证即非想非非想天人，念虽寂然不动，而不似木石，犹有活机存焉，此乃三界之极处也，其寿泰止于八万劫而已。呜呼，其能顿开九种，卓越乎三界者，谁耶？咦，公若知本源，佛亦不相似！

若心取法，即为着我、人、众生、寿者

我、人、众生、寿命四相，有于法上解者，有于相上解者，有于心识中执着处说者，俱未得旨趣，何也？若以解前章之四

---

① 原文为"枭镜"，以意校为"枭獍"。

相,犹可饶舌,此节云:"若心眼法,降为着我、人、众生、寿者。"似难以之分解也。且如以经为法,过眼观之,心即爱乐,故名为取,要见一取之际,以何为我?以何为人?以何为众生?以何为寿者?分之不得,一之不可,所以未适邯郸,切忌效走也。吹万曰:"众生色质,六根所统,故六根即我相也。既有内根,则有外尘所对,故六尘即人相也。根尘相偶,识生其中,故六识即众生相也。三者与生俱生,相续不断,故为寿者相也。夫如是,则眼见色即识其色,执之不去,四相一时披露矣。故曰若心取法,即着我、人、众生、寿者,乃至取非法,亦复如是。昔西天梵志,以两手执合欢梧桐花供养世尊。佛令放下着,志即放下左手之花。佛又云放下着,志又放下右手之花。佛又云放下着,志曰:'某甲两手放下,还教放下个甚么?'佛曰:'我教你放下六根、六尘、六识。'志于此得悟,盖根身、器界、无明、烦恼,总由三者而有,若三者解脱,则四相绝矣,故予教人离去四者,当在这里荐取。"

"我念过去无量阿僧祇劫"至"无一空过者"

经云:"我念过去无量阿僧祇劫,于然灯佛前,得值八百四千万亿那由他诸佛,悉皆供养承事,无一空过者。"翠岩禅师曰:"道远乎哉,触事而真。圣远乎哉,体之即神。所以香积世界以香饭为佛事,娑婆世界以音声为佛事,翠岩这里只以出入息内供养承事,三世诸佛无一空过者。三世诸佛是翠岩侍者,无一不到,如一不到,打三十棒。诸上座,还会么?所谓'将此深心奉尘刹，是则名为报佛恩'也。"据此老所见，大似亲得如来心传供养之理。《宝积经》云："无佛想，无法想，无僧想，无人想，无自无他想，是则名曰供养如来。"然既无诸想，则出息不涉众缘，入息不居阴界矣。吹万曰："贫道无蓄物，毕竟是这等供养。"

五　眼

或则如来所具五眼，众所见者，唯知两青莲目为佛眼，而彼四眼，又在何处？若谓一佛眼统之，则先德注云"肉眼碍非通"之句，难于佛分上说也。且经云："如来有肉眼。"是佛之肉眼果有碍而不通耶？在凡夫之肉眼则可，倘佛之所具，似不可模胡放过关也。吹万曰："如来两目青眸，不异凡夫，以此能知四生六道升沉因果，故曰肉眼；佛性先天而天弗违，谓之天中之天，以此能知三界九地差别因缘，故曰天眼；如来具四智，证六通，遍无量身，了三世事，故曰慧眼；如来自菩提场三七思惟，转十二行法轮，宣五时半满之教，末后拈花直指妙心，故曰法眼；如来具足圆觉，住持圆觉，现八万四千相好光明藏身，坐恒河沙世界刹海金莲，故曰佛眼。诸仁者，要得具此五眼，不可向外别求。贫道吃茶时，口上有眼；背后摸枕子，手上有眼；夜行不踏水，脚上有眼。玄沙云：'尽十方世界是沙门一只眼，尽十方世界在沙门眼里。'汝等诸人，又作么生看照？咦！"

《弥陀经》

"若一日"至"一心不乱"

经云"若一日、若二日"者,皆不定之辞,即若有人或一日或二日之义。一心不乱者,有事有理。事者,谓先须敛念合掌,正身端坐,住想彼佛,丈六金身,三十二相,八十种好,一心归依念佛,相续不忘,此心专注,不为尘缘之所扰乱,此事之一心不乱专持名号也;理者,此念佛之时,审这音声从何处起,及至念后看这音声从何处灭,念者何人,审者何人,灭者是谁,看者是谁,参来参去,参到参不得处,忽然摸着鼻孔,通身汗下,方知道这个原是自家有的,自历劫以来不曾变,此理之一心不乱专持名号也。如或理事相融,脱开对治,则入门见弥陀,出门遇释迦,折伏摄受,若指诸掌也。吹万曰:"汝若不来,东胜神州持钵,西瞿耶尼吃饭,入门见阿谁?出门遇甚么?"

一切诸佛所护念经

此经乃世尊演说弥陀乐土①功德,故不可思议其量,而复举诸佛护念是经及持经之人,盖此法利益广大,所以诸佛称赞②。护念者,护其念也。一念方萌,万机齐出,善恶好丑,无所不

---

① 原文为"上",以意校为"土"。
② 原文有"大"字,当为衍文,以意删之。

为,唯过去诸佛,收一念复于天性,护持不动,自然定慧有常,故名为经。经者,路也,此是修行真常之路也。弥陀、释迦曾如此护念。十方诸佛亦曾如此护念。现在众生亦必如此护念,故曰所护念经。僧问云门:"不起一念,还有过也无?"门云:"须弥山。"只今护念者,不知有过无过?咦!

《四十二章经》

问沙门章

经云:"佛问一沙门:'人命在几间?'门云:'命在数日间。'佛言:'去!子未能为道。'又问一沙门:'人命在几间?'门云:'命在饭食间。'佛言:'去!子未能为道。'又问一沙门:'人命在几间?'门云:'命在呼吸间。'佛言:'善哉,善哉,子可谓真为道者矣!'"妙明子曰:"一日无食,则道绝矣。"前两者所言,命在饭食与数日,特重在接命之处,乌足为入道之旨!所云呼吸间者,见吾子曰:"人能观天之道,执天之行,知阴阳之行度,识魂魄之所居,则周天三百六十五度,循环一息之顷,而日月出入呼吸之微,呼为阳,吸为阴,与天地同一妙用,不必求之他也,此正我命在我不由乎天。"故世尊深赞之者,美其呼吸间未尝离道也,即子思所谓"道也者,不可须臾离也,可离非道也",然间之一字,最要究竟,凡人有呼吸即有出入,有出入即有动静,而曰间者,乃非呼非吸而能随乎呼吸,非出非入而能顺乎出入,非动非静而能宰乎动静者也。所以人之不可离道,犹鱼之不可离水，鱼可以须臾离水乎？人可以须臾离道乎？奈何空中飞鸟，不知空是家乡，水底游鱼，忘却水为性命，故鱼不识水，鸟不识空，人不知道者多矣。古德云："人身似乌鸦形，身在虚空，心在粪草。"若肯于粪草上拾得心回，则十方虚空悉皆销殒，不枉摩腾、竺法兰特来东土①一过。

《维摩经》

诊脉说

　　人只知维摩之病为病，而不知维摩之所以为病。何则？薄伽梵演教庵罗树园，阐随心佛土②，拂拭无遮，却有优婆塞微妙解脱存焉。维摩诘应化毗耶离城，现不可思议神通，招提净行，不无僧伽耶抖擞规则在焉。二者得非真谛、俗谛权柄乎？故维摩之病，自此出也。众生从无始以来，尝认为我心者，乃客尘虚妄之心，乍起乍灭，属无常法，非我心也；尝认为我身者，乃四大假合之身，旋聚旋散，属无常法，非我身也。我有真心，广大灵知者是也；我有真身，圆满空寂者是也。惟不悟于此，故众生病亦自此出也。众生病，故维摩亦病；维摩病，故释迦亦病；释迦病，故文殊亦病；文殊病，故随入室中大弟子亦病；弟子病，故阿难于罢席嘱累时亦病；阿难病，故鸠摩罗什于译经处亦病；罗什既病，故予今日亦病矣。盖予之所病，不在身心，而在诊脉。

---

① 原文为"上"，以意校为"土"。
② 原文为"上"，以意校为"土"。

予以此经为四大身，以释迦、维摩、文殊为精、神、气，以文、字、句、意种种相法为病。夫如是，不可无诊脉也。犹虑乍入吾道者，不得骨髓而按皮肤，不察疥疣而味药饵，睹丈室而不入，遇狮座而不升，见不可思议解脱菩萨而若惊若怖，面东方无动如来而若盲若痴，此皆不患其罔措，而患其未点眼也。故诊脉之病，亦由此出也。今而后，方知病药如幻，而凡圣如梦，身不我有，而心不我生。一部《维摩》法，全体众生性，具眼观来，复何疑哉！

维摩接妙喜国土①

或问："维摩诘不起于座，入于三昧，接妙喜国土，如陶家轮，入此世界，犹持华鬘，而此世界不增减，不迫隘，此是神通耶？寓言耶？法性耶？若谓神通所现，则十大弟子皆有神通，孰不可现？若是寓言，则类《齐谐》怪异之事。若谓法性本具，应须直指，何必牵藤引蔓，卖弄精魂作么？请释其疑。"吹万曰："此张画图，维摩长者大似掩耳偷铃，亦难瞒人瞒己，予不免为渠下个注脚，然非钵外安柄也。吾想维摩四大，何尝不是娑婆世界，清静本然，何尝不是妙喜国土②，且能不起于座，入于三昧，所谓一念不生全体现矣。又安知无动如来境分明在目前耶？幸得世尊略露个消息，有国名妙喜，佛号无动，是维摩诘，于彼国没而来生此，可见维摩已曾带得无动老子来也。盖无动者，即根本

---

① 原文为"上"，以意校为"土"。
② 原文为"上"，以意校为"土"。

不动智也，何人无之？但有而不能搬运神通耳。若遇思大禅师，则三世诸佛一口吞尽，那里得个余剩的，与你东抬西拓！"

不二法门

时维摩默然无言，文殊师利叹曰："善哉，善哉，乃至无有文字语言，是真入不二法门！"据此一转语，若是作家，相会不被瞒顸；若是未到维摩境界，等闲堕在无事甲中去也。盖不二者，一也，即《楞严》所谓十方如来超出之一门也，妙庄严之一路也。今曰真入不二法门，但不知以默然为不二耶？以无言为不二耶？以无有文字为不二耶？若以默然为不二，恐内守幽闲，犹是法尘分别影事。若以无言为不二，然维摩何尝守着不语戒。若以无有文字为不二，恐未曾梦见《金刚经》，就效德山烧疏钞，且莫造次。吹万曰："不二法门者，自观之维摩诘长者，居毗耶离城，示有妻子，常修梵行；现有眷属，常乐远离；若在居士，居士中尊；乃至在于刹利、婆罗门、大臣、王子、内官、庶民、梵天、帝释中，处处称尊，饶益众生，时已示现之矣。师以方便，现身有疾，诸大弟子及文殊入室谈问，取饭香积，借座灯王，未尝离此不二法门，何待于此默然无言，然后显之乎！第有说时，百花林里过，一叶不粘身；无说时，匝地红轮秀，海底不生华。要知默然消息，则灵山如画月，曹溪如指月，怎似鲁祖在水晶宫中，广寒殿里，欲入门者，不免学个壁观婆罗门，犹较些些。"

《楞伽经》

总　说

　　此经即以说法处为宗，则一部文句，皆为注解。盖《楞伽》者，宝名也。阿跋多罗者，山名也。此山在西域南海之中，乃夜叉鬼王所有，若遇天霁赐辉，则海波停静，而此山影迹全无。倘狂风阵发，则海雾弥空，而此山愈高愈大。然非有神通者，必不能上。一日，世尊自龙宫来，偶过此山，夜叉王请座于内，始演此经。比时当机者，则有大慧菩萨，相询以一百八问，则世出世法已尽其数矣。而世尊酬之以一百八答，则相即非相、非相即相之理明矣。然李长者所立宗趣，又以"五法三自性、八识二无我"为之者，正对说法之处，理迹双显，体用全披。夫何以见其双显全披也？彼之南海，天霁朗明，则风停浪静而无山，即吾之性海，心灭法空而无物，是则谓之人无我、法无我矣。彼之海心风浪骤起而有山，愈涌而愈大，复居之以夜叉上者，即吾之性中，境触烦恼生，情交颠倒起，便有名有相，有八识，有妄想自性，缘起自性也，此非人我山而何！且山中有《楞伽》之宝，八楞而色碧，又属夜叉而守之，况复无神通者睹之而莫往，可见烦恼颠倒起时，形未变而心已夜叉，性未吐而识先波浪。若在这里痛处着锥，疼处吃棒，烦恼转成菩提，颠倒变为法界，即得其真实矣。此果何人耶？吾性之大慧也，启吾性之释迦也。演吾之正智，归吾之如如，故号为成自性也。连山带海，通身是个自觉圣智,心又何必舍此而骑牛觅牛哉!吹万曰:"且道海未现山时,佛未说法时,又作么生会?"无名氏曰:"春眠不觉晓,处处闻啼鸟。夜来风雨声,花落知多少。"

所谓杀父母及害罗汉众僧恶心出佛身血

经云:"贪喜俱如缘母,立无明为父,生八处聚落。"断二根本,名害父母。彼诸使不现,如鼠毒发,诸法究竟断,彼名害罗汉。云何破僧?谓异相诸阴和合聚积究竟断,彼名为破僧。不觉外自其相,自心现量七识身,以三解脱无漏恶想,究竟断彼七种佛身,名为恶心出佛身血。或问曰:"如上五法,若是有能断之理,所断之相,则五蕴根本与七识幽隐,犹在作何休歇解脱得尽?若是以无灭为灭,不断为断,则又落于断灭顽空也,如之何则可?"吹万曰:"此经乃为根熟者顿说种子业识为如来藏,异彼二乘灭识趣寂者,故亦为异彼般若修空菩萨空增胜者,故《宗镜》云:'若有不信阿赖耶识即如来藏,别求真如理者,如离像觅镜,即是恶慧。'所以不曰断彼而曰究竟断彼者,总教人于这贪爱无明见惑诸使五阴七识中,离去心意识而参,看是自生,是他生,是共生,是无因生。参来参去,参到参不得处,方知此贪爱无明无无明,乃至阴非阴而识非识也。果到这个田地,不除而除,不断而断,指挥如意,天花落坐卧,闲房春草深。然则又除个甚么?断个甚么?观音菩萨将钱来买糊饼,放下云:'原来却是馒头!'"

宗通说通

古人道："拈锤竖拂泥洗泥，瞬目扬眉笼中鸡。"又云："或行拳，或竖指，行棒、行喝成乖旨。忽然棒下喝将来，与吾远之又远矣。"若是则以何法而谓之宗耶？《金刚经》云："云何为人演说，不取于相，如如不动？"老宿云："依经解义，三世佛冤；离经别说一字，即成魔说。"若是则以何法而谓之说耶？六祖云："不思善，不思恶，正当恁么时，那个是上座本来面目？"此似明乎宗矣。又云："汝若返照本来面目，密意却在汝边；若我有说，即不密也。"此似明乎说矣。所以经云："宗通者，谓缘自得胜进相，远离言说文字妄想，趣无漏界，自觉他自相，远离一切虚妄觉想，降伏一切外道众魔，缘自觉趣，光明辉发，是名宗通相。说通者，谓说九部种种教法，离异不异、有无等相，以巧方便，随顺众生，如应说法，令得度脱，是名说通相。"若知缘觉趣光明挥发，则离异不异、有无等相，善巧方便，如影如响也。诸仁者于此会得，金阙晓钟开万户，玉阶仙仗拥千官。如或未然，疲马山中愁日晚，孤舟江上畏春寒哩！

《圆觉经》

总　说

大圆觉何以称也？太空无形，而森罗万象；太音无声，而枞敧洋洋；太素无色，而青黄黼黻。若然者，则隐处即圆，而显处即觉也。以圆方觉，则觉无不圆；以觉归圆，则圆无不觉。故我薄伽老子，于此藏金藏珠，万物一府，死生同①状，以是而正受，以是而三昧。若十二大士者，则以是而当机，以是而咨询，相与犯罜挥斥，真可谓个中同一鼻孔，安得不以是而称之哉，安得不以是而诠之哉！

文殊章

中郎先生谓《圆觉》吃紧处，在皆依圆照清净觉相，永断无明，方成佛道。且道清净觉相怎么样依？若依则宛然能所，不依则与佛旨相违，此处好疑。予曰："只须做个无依倚的便了，疑个甚么？从来这个东西，本是无可依者，谓不依空，亦不依不空，不依定，亦不依不定，不依生，亦不依不生，不依有，亦不依不有，乃至不依世法佛法，不依生死涅槃，此这一切无可依处，是名依处也。所以谓之圆照清净觉相。古德云：'老僧生身父母一时丧却。'只是无你依倚处。如或不会，汝等诸人也是铁打心肝。"

知是空华即无轮转

中郎先生尝以此二句问人曰："此知字是有心知耶？是无心

---

① 原文脱"同"字，以意补之。

知耶？有心则同情识，安能免轮回？无心则同土木，何以能知？学人透得此知字一阖，思过半矣。"予曰："正当知时，何曾见个有有无无之心！此知正如水到成渠，池成月现，非知也，乃所以知也。但诸人常以生灭去来、有无凡圣为实境界，故于中必生必死、必去必来、必有必无、必凡必圣也。殊不知生灭、去来、有无、凡圣，皆如空中所幻之华，本无实性，从空而有，从空而灭耳。即妙明性体，本无生灭、去来、有无、凡圣等相，然亦不妨生灭、去来、有无、凡圣于中往来，故即轮转而无轮转也，其知亦若是。"

知幻即离，不作方便；离幻即觉，亦无渐次

或问："注云：'知处即离处，离处即觉处。'未识果如其说否？若实有幻可知，则知亦为幻，幻不离知。若实有幻可离，则离亦是幻，幻因离生。若实有幻可觉，则全觉是幻，幻从觉起，如之何其可耶？"答曰："圆觉自性，非性性有，随诸性起，试观青青翠竹，郁郁黄花，此果真乎？果幻乎？鸢飞戾天，鱼跃于渊，此亦果真乎？果幻乎？盖缘法身无相，假翠竹以现形，般若无情，对黄花而显相，又安知鱼跃鸢飞即天机之变动也！与夫如是则等幻知于一源，齐觉离于化府。方便可也，非方便亦可也，渐次可也，非渐次亦可也。永嘉云：'无明实性即佛性，幻化空身即法身。'你看他又是甚么面孔！"

菩萨唯以大悲方便入诸世间

菩萨以大悲方便，现种种形，入诸世间，开发未悟，何今世皆不能见？盖菩萨心本平等，随众生现。众生之心如镜，镜若无垢，形影随现。众生心净，菩萨即现。所为不现，则心镜不明故也。

随顺觉性

此章专论随顺觉性之法，盖随顺即体认也。然虽有凡夫、菩萨、如来之别，揆其得力处，只在居一切时不起妄念之句。一切即指前障碍究竟得失、解脱乃至有性、无性齐成佛道者是也。所以如来具足圆觉，住持圆觉，则于此境随往无碍，此即古德所谓朝往西天，暮回东土，是名禁足；百花林里过，淫房酒肆行，是名禁足。虽然如是，不曾动我这一步①。以此观之，若动一步，即成妄也。要知此法不在除境，而在忘心，不在忘心，而在见性，既见此性，在在处处，即从心不逾之妙，无入不自得之理，无可无不可之道也。咦，且莫造次，桃花流水杳然去，别有天地非人间！

二十五轮

若云渐法，用观可也。若云顿法，何必用观？要知顿法之

---

① 原文有"在"字，当为衍文，以意删去。

观,非观想之观,乃恒存之观也。谓此奢摩他、三摩钵提、禅那三法,恒存乎自性而不变,非暂有暂无也。何以见之?试观吾人之天性中,有动自有静,有动静自有非动非静。然至静之中有至动之机,至动之中有至静之体,至静至动之中,又有非静非动之妙存焉。若是则至静之奢摩他也,至动之三摩钵提也,非静非动之禅那也,即邵子所谓:"一动一静,天地之至妙者欤?一动一静之间,天地人之至妙者欤?"故予不曰观想之观,而曰恒存之观也。

修于禅那,先取数门

此先取数门之句,或有解为数念之数,似觉远旨。余看此节,正与《大方等大集经》内佛为比丘所说之义同。彼经令诸比丘观出入息,见息出时,即作是念,如是风者,从何处来?去至何处?如是观时,远离身相,生于空相,不见内空,是名内空。不见我所及外色相,是名外空。观内外空已,后作是念,我今修习入息相,已作大利益,能坏一切内外诸色。我坏如是内外色相,皆是入息观因缘也。以是因缘,令我不见内外诸色,即是空力。我今定知一切诸法,无有去处,无有来处。作是观已,所有觉观一切永断,此谓先取数门者,即观出入息之数门也。心中了知生住等数,即我今定知一切诸法无有去处、无有来处是也。故此以调息之法,作数门之解也。然此特顺经义解耳,若是明眼衲子,浑微尘世界于一身,纳成住坏空于一息,看你诸人又作么生观想去。

卷 四

《楞严经》

总 说

《般若》所谓摩诃衍法，即此经所谓大佛顶，盖大佛顶即佛性也。此性天得之而清，地得之而宁，人得之而灵，王侯得之而太平，太空得之而冥，冥中有精，尘尘无不遍，刹刹无不周，故云大也。觉王由之而证圆觉，故号密因修证了义也。菩萨以之而运如幻三昧，故号六度万行也。在圣不增，处凡不减，先天生而不精，后天死而不老，变化不为用，寂然不为体，能生能死，能短能长，能方能圆，能柔能刚，改头换面，应物寻常，故云一切事究竟坚固也。然曰顶者，谓世出世法，无有过于此，亦无有上于此，故云顶也。此顶惟无心道人不举步而步步踏着，若是多足蜈蚣，随踏随远也。更有一般有眼不明、有耳不聪者，卧于顶上，自谓身处微贱，终日吃饭，不知饭是米作，终日着衣，不知衣是绵成。《易》曰："乾道变化，各正性命。"见物物皆有此顶也。又曰"仁者见之谓之仁，智者见之谓之智，百姓日用而不知"者，正见此顶迷悟不同途也。诸仁者，绣出鸳鸯着眼看，会得金针在谁手,见性耳。性之见者,造而不犯,犯而不坠。性之不见者,虽不造犹犯,不犯亦坠也。何以见之?如琉璃王因杀佛种而堕,善星比丘由妄说佛法而堕,宝莲香因私行淫而入地狱,此有造有犯,理之所当坠者也。若老人之易狐身,静行比丘之易白蟒,此不造而有犯,不犯而有坠也,总其性之未见也。至于上古老宿,有以棒而欲击投释迦者,有以棍而欲打达摩者,有持剑而刺如来者,有斩猫者、斩蛇者,有以鸽饲猫者,有食羊肉馒首者,有用般若汤击瓶碎而洒结为冰者,此谓造而不犯,犯而不坠,总已见其性也。经云:"贪嗔痴出,即是佛出。"又云:"淫怒痴即是梵行。"此正是具眼衲子回得头、转得脑、提得起、放得下处。所以云:"任运即常而知,则合本妙;违时失候①而觉,则合妄尘。"能如是者,谓之无心应物也。果能无心于万物,则贪而无贪,慢而无慢,许而非许,乃至讼而非讼,古人所谓罹②欲不为淫,昏荒颠倒不为醉,滥误混疑不为杀也。且道之在眼为见,在耳为闻,今欲出世者,岂绝乎见闻哉!经云:"见见之时,见非是见,见犹离见,见不能及。"是见也,非见也,乃所以见也。知乎此者,则以遍大地为一只眼,尽虚空为一个耳,森罗万象为一身,寒暑往来为一鼻,流水潮音为一舌,大小邪正,有无真假,世出遐迩③,自卑及高也。然七处之中,且道此心果不在耶,唯见性人则曰"无在无不在"。说在亦得,说不在亦得,何也?如彼异见王问波罗提曰:"何者是佛?"答曰:"见性是佛。"

---

① 原文为"违时夫候","夫"当为"失"之误,今据意改。
② 原文为"罗",以意校为"罹"。
③ 原文缺"迩",以意补之。

王曰:"师见性否?"答曰:"我见佛性。"王曰:"性在何处?"答曰:"性在作用。"王曰:"是何作用?我今不见。"答曰:"今见作用,王自不见。"王曰:"于我有否?"答曰:"王若作用,无有不是;王若不用,体亦难见。"王曰:"若当用时,几处出现?"答曰:"若出现时,当有其八。"王曰:"其八出现,当为我说。"波罗提即说偈曰:"在胎曰身,处世名人,在眼曰见,在耳曰闻,在鼻辨①香,在舌谈论,在手执捉,在足运奔,遍现俱该法界,收摄在一微尘,识者知是佛性,不识唤作精魂。"今则世尊于此而提挈阿难者,正显佛性也。阿难作用而不知,正弄精魂也。精魂与佛性,请君莫错过。

憍陈那悟客尘章

此一章乃憍陈那自述本起因地,而世尊借以导醒阿难,则知不住之客与摇动之尘皆妄,而常住之主与寂然之空实真也。阿难于此虽悟见性如空主,头手如尘客,然犹未识能见之所以,正空谷禅师所谓似到者也,不可谓之实到者也。如僧问尊宿云:"如何是自身已?"宿云:"丙丁童子去讨火。"僧言下有悟,后遇一师诘曰:"汝曾参得知识来?"僧云:"曾参来。"师曰:"有何解悟?"僧云:"曾问尊宿,如何是自身已,宿云:丙丁童子去讨火。某于此有悟。"师云:"汝作何领悟?"僧云:"丙丁,火也,而亦求火,安得不为自身已也!"师喝云:"汝犹未悟在。"僧急

---

① 原文为"辩",以意校为"辨"。

请开示。师云:"汝问来。"僧仍举前问。师曰:"丙丁童子去讨火。"僧于此大悟。方今阿难只能悟得前面一转语,未能悟得后面一转语,所以世尊于下八还之后,追彼见精不还,非汝而谁,彼犹拟意在,故只可谓之似到,而不可谓之实到者也。如或悟得,则主中有客,而客中有主,主无非客,客无非主,空中有尘,而尘中有空,空无非尘,尘无非空。自从识得金针后,一任风吹满袖香,又何拘于主客尘空也耶?

八还辩见

余观此八还之说,若以内而言之,则吾人所作善业如日明也,恶业如月黑也,户牖通处即六根也,壅墙即四大也,分别即第六意识也,顽虚即无念无作之法也,郁埻即有为有相之法也,清明之霁即八识心王也。此八者,即镜中像也,所以喻如水中月影。见精明元,乃性之用也,如镜之光也,所以喻如第二月。妙精明心,即镜之体也,所以喻如真月。然无镜,则光像何来?若无真月,则谁为第二月与水中影?故知见精明元,与缘尘分别之八种,亦由妙性而生也。故经云:"心生种种法生,心灭种种法灭。"今谓各还本明者,以内观之,还即无也,空也。诸相既空,而我能见诸相之明元当何所空?要知空亦还也。然明元既为性之用,何不还乎性体?如第二月既为真月所映,何不返乎真明?此一段正与《大学》格物物格之理相符。何以见之?宋张子韶一日问于妙喜禅师曰:"师知格物之道乎?"曰:"我不知格物,但不知子知物格否?"子韶一时罔措,遂请曰:"望仁者详说。"师举明皇幸蜀，以剑击阆守画像，时阆守在长安，头即段落之事。韶于此得悟，乃呈偈曰："子韶格物，妙喜物格。要识一贯，两个五百。"可见画像即物也，而水中影及第二月亦物也，即见精明元与缘尘分别之八种亦物也，画像一坏则物亦格于真体，诸相既空则遂还归于本月，是知我故格物而物亦格我也。虽然如是，到来函谷愁中月，归去蟠溪梦家山。

文殊请问章

此节云："见与见缘，并所想相，如虚空华，本无所有，此见及缘，元是菩提妙净明体。"既云精见，与色空诸相①，并分别识相，如空中之华，本来无有，云何又言此见及缘，元是菩提妙净明体？要知诸相见缘，并所想相，非离妙明而有，而此妙明，若无见精见缘，并所想相，则不能显。如《清净经》云："大道无形，生育天地。大道无情，运行日月。大道无名，长养万物。吾不知其名，强名曰道。"故知天地、日月、万物，即道之形、道之情、道之名也。而此妙明，即斯道也。见精见缘，并所想相，即天地、日月、万物也。盖斯三者，若无斯道，则何以有？而斯道若无三者，则何以彰？可谓妄因真有而妄即真，色因空成而空即色，正如水银落地，大处大圆，小处小圆，敛来还归一体，故下文谓五阴、六入、十二处、十八界、七大，本如来藏妙真如性，即程子所谓天下无性外之物也。

---

① 原文为"象"，以上下文校为"相"。

识 阴

此节明识妄即真。真空妙性，绝诸尘壤，本无真妄、生灭、去来之相及思想烦动之念，只因一迷，即如海中沤发，便有识相存焉。故如来以瓶伽瓶为喻者，正指识阴之区宇也。然识阴一成，即与真空相隔，则似瓶之空有内外矣。两孔者，为此识一生，即分真妄、生灭、去来之迹。众生之法，总不出此两端。有此两端于真空中，即被两端塞之也。要知彼方此方，皆真空也，喻瓶擎空之去来。而无少空之迹，并开孔之出入，而无出入之相，正喻识阴或过去生而至于现在生，或现在生至于未来生，不见此真空妙性之有减，亦不见此识阴之有出入也。若能打破此瓶，则真妄、生灭、去来之相，及思想烦动之念，宛然真空一体矣。即瓶之内空、瓶之外空浑然不相隔也，何识阴之有！故《法句经》曰："精神居形内，犹雀藏瓶中，瓶破则雀飞去矣。"山野之说，即破瓶法也。

同是菩提瞪发劳相

或问："目睛瞪发劳相，可也。乃云同是菩提瞪发劳相者，何也？"答："菩提乃正觉性体，眼根之妙，如之经中所云：'翳与华，及空中狂相，并第二月者，俱障睛之物也，皆因瞪劳而得。如菩提妙性，体即太虚，只因迷境识动，便起无明，内则根身成十八界，外则器界成九种相。'此与眼中之翳，亦然，故云同是菩提瞪发劳相。"又问:"何不直就眼根尘上推破见性,而必每根引前劳目之事者,何也?"答:"谓六入皆如空华,故根尘遍迷。悟必从要,只得指凡夫易解之妄事,开阿难未了之执情也。故此六根,总谓之不空如来藏。"

富楼那章

此一节虽是开富楼那之大机,实乃显如来藏之大用,重在汝以色空,相倾相夺,于如来藏而如来藏,随为色空,周遍法界。我以妙明不灭不生合如来藏,而如来藏唯妙觉明圆照法界之句。盖以色空相倾相夺者,是因生灭相起生灭之心,欲以此心合如来不生不灭之心,无有是处。何为生灭?如地水火风四者,人以为实有,是相若以众类所观生灭之心论之,地性是实,则不可变易,法身菩萨能变大地为金,地种顿失,则岂真实!又如墙如山,呼声能度,则岂真实?水性是实,亦不可更易,然则天人见之为琉璃,饿鬼见之为火,鱼则谓之室庐,亦岂真实?火性是实,亦不可更易,树提伽生于火中,是火为母慈。又,西国有布,以火浣之鲜明,谓之火浣布,亦岂真实?风性是实,然则列子御之,旬有五日而后反,又舟得其便而驾之,亦岂真实!彼之诸物,悟者观之,虽属虚妄,而知有如来藏者存。迷者见之,以为实有,而惑为实相,故欲合如来藏不生不灭之性而不可得。所以如来初非之则见如来藏可以为非相之相也;次即之则是如来藏可以为即相之相也;终则离不离之则见如来藏可以为是非莫定、有无莫测体用齐彰之相也。或问曰:"何谓是?"余曰:"天女神通变舍利。""何谓非?""穷子见父不知归。""何谓离不离?"
"有时憨,有时痴,非我徒中怎得知。"

演若达多迷头认影

众生背觉合尘而不返,如达多背头着影而狂走。然此合尘着影处,只一迷耳,岂有因缘自然耶!所以诸佛合尘返影,只一悟耳,亦岂有因缘自然哉!故烦恼菩提,无二无别也。在二乘人又不然,彼则舍妄尘而执无相以为正,却妄心而守照心以为真,于中恬然自在,便谓涅槃,殊不知真常流注,而妄为恬静,此亦与达多之迷头认影无异也。在二乘则曰藏镜狂走之人也,在众生则曰执镜狂走之人也,在如来则打破镜子①,故有头面无影,有照而无相,尘亦不去,而法亦不着也。问:"何为镜?"答:"前不云乎,觉明为咎是也。"问:"如何打破?"答:"拔倒须弥山,踏穿香水海,突出混沌来,几个知好歹?《庄子》云:'中有一人,非阴非阳,处乎天地之间。'此乃打破镜子之人也。"

浮根四尘、流逸奔色等句

诸家以浮根四尘,解为色香味触,或者又以为地水火风。予独不然。据阿难答世尊云"我今观此浮根四尘,只在我面"之句,则一"面"字已局定矣。如是准正受禅师所解,色声香味

---

① 原文为"了",以意校为"子"。

也。有问者曰："色声香味，以之解阿难所答则可，以之解世尊云'浮根四尘，流逸奔触，流逸奔法'者，恐说不过去也。"答："正在世尊所说者，极当以色声香味解也。所云浮根四尘而独不云六者何也？盖四大中眼耳鼻舌为浮根，色声香味乃浮尘也。而身意两根为根尘之本，当以沉字对看。在身则统此浮根，在意则无此浮尘，一切烦恼缘影妄想，皆由此浮根之所招引。若无浮根招引，则意根以何分别思量？身根以何分别触受？正以色声香味、眼耳鼻舌为枝叶，故曰浮而以身意触法为本蒂，故曰沉也。四大一有，此四者为先，则门门奔外而交物耳。深造者请熟参之，勿叱予之饶舌。"

观音三十二应

或问："观音菩萨以圆通随类应现，如现独觉、声闻、天、龙、鬼、神等身，则可也，乃至菩萨胜解现圆，即现佛身而为说法。然则佛身者，而反以菩萨能现乎？若是，则观音为何等人也？"答："三十二应者，有理有迹。以迹言之，则观音由耳根闻熏闻修，此根极圆，而内外十方世界，无所不通。故始修者，圆通之因，而所证必圆通之果，安能不应现于三十二身也。以理言之，则洪荒未判，太音希声，继而大冶将陶，则有威音，有雷音，有梵音，有世音也。夫①何以谓之观世音也？盖万物皆负阴抱阳而成形，冲气以为和，此气入于形质，散于四肢，言则为

---

① 原文为"大"，以意断之，当为"夫"之形讹，故定为"夫"。

声,听则成响,视则为光,动则成触,无不赖此冲和之气也。欲反之者,作何下手修持?唯声与视,可为渐入之法,故收视返听者,正内观其音声也。观与声,两者成片而圆裹太无,融合十极,则三十二应者何人无之。语佛法则现佛身,语独觉法则现独觉身,乃至语天龙鬼神等法,即是现天龙鬼神等身也。此乃不自观音,以观观者之观音而使之然也。噫,《南华》云:'咸其自取,怒者其谁耶!'此非世音乎?还丹一粒分明在,流落人间是几年。"

十四无畏

此十四无畏一节,重在由我,不自观音,以观观者,能令众生观其音声,即得解脱之处。夫声音,无相者也,而曰观者何义?且云不自观音,而又以观,观是必有所以焉。予尝读《周易》诸子等书,多见有论性学之理,与吾教渐说者无别。盖天地未形,世界未立,先有无极之真而宰于恍惚杳冥之间,即空中之妙有也。及乎天地既分,世界已成,则万物各得此真而为性为命。命犹令也,非血气之质,识、息、暖三之所谓命也,谓天之所以命于我者,吾则谓之性也。然则此性作何形状而窥之?横渠先生有云:"由太虚,而有天之名。由气化,而有道之名。合虚与气,故有性之名。合性与知觉,故有心之名。"此气负于人身,藏于虚穴,升降错综,充塞周遍,有此气,有此理。所以谓之理者,即灵灵寂寂的东西也。《楞伽》所谓阿赖耶识,即横渠所谓知觉也。故气以行乎理,理以载乎气,互相动交,则在眼能见,在耳能闻，在鼻辨①香，在舌谈论，在手执捉，在足运奔。唯在虚穴腔子中，发则为机，拟则为意，起则为念，动则为情，正则为志，邪则为欲，知则为分别识。寂然不动，而不能打破此一着，此即含藏识之体也。今之观音菩萨不自观音者，谓不以外观之目，视其窍中已发之音，而以返视内观天则之目，视其窍中未发之源，所谓气母也，太音也，无极之真也，空中之妙有也，天命也，性也，所以令众生亦自观其所以之音声，即得解脱诸种烦恼也。工夫至此，则见闻觉知俱化，根尘识相尽泯，六根圆澄而互用，三身任运而无碍，又何爱欲、兵戈、药叉、枷锁之能侵耶？后之知见，旋复观听，旋复断灭，妄想熏闻成闻，闻熏精明，音性圆销，灭音圆闻，熏闻离尘，纯音无尘，销尘旋明，融形复闻，六根圆通，单持名号之十三无畏者，莫不在此最初一着而变化也。善念观音者，切勿错过。

八万四千首臂宝目

或曰："观音菩萨以圆通之修证者，能应三十二化，亦能施十四无畏，此则有理有迹。然兹之四不思议中，又能现此多首多臂多目，此亦有理有迹乎？"答："此真不可以心思言议也。盖由修持，有不思议理，而后有不思议迹也。非善观音者，孰能入之。夫此首臂目三者，俱以八万四千为数，即观音之身，一世界也，一天地也。何也？地至天，八万四千里。人身肾脉至心脉，

---

① 原文为"辩"，以意校为"辨"。

八寸四分，道家所谓心天肾地也。散于周身，则八万四千毫毛也。在心意识中，有八万四千尘劳也。在法门，则有八万四千度无极也。独人身八寸四分中，有一无位真人，非阴非阳，彻上彻下，处乎天地之间，放乎广莫之野，逍遥乎无何有之乡，与太虚同体，真空绝待，所以观音得此，而能变此多首多臂多目者也，此其迹乎。昔有无目道者，淋雨之后，着白衣拄杖而自山来，时人见其衣履无泥垩，谓曰：'才风雨已，道人何为衣上无泥迹？'道者答曰：'吾拄杖头上有眼。'若是，则通身是首，通身是臂，通身是目也。此其理乎。个里知音，切勿执像为是。"

文殊选择

或问："二十五圣者，各以一门而获圆通，而文殊独择观音为最，是何义也？且世尊于雪山夜睹明星悟道，此则由见而得也，至如手弄琵琶，楼阁弹指，袖出摩尼，良久默示，放下欢梧，拈花微笑，达摩①安心，慧可忏罪，天龙一指，黄檗三打，若皆必以耳根而得，则诸老辈只今犹在葛藤窝里。尚不知文殊作何见解，而有如是去取也，请详教之！"答："前不云乎：'彼等修行，实无优劣前后差别，我今欲令阿难开悟二十五行，谁当其根。'又云：'入菩萨乘，求无上道，何有便门，得易成就。'盖文殊以耳根为最者，谓耳根反闻用工，便易过于二十四行也。何以见之？要知圆通即性，体也；发而为视听言动，用也。用易明

---

① 原文为"磨"，以意校为"摩"。

而体难会,即诸根只可明于外,而实难返乎内也。如眼能见外而不能见膲腑,身能与物相合而不能内合于性,鼻能闻香于外而不能返缩于内,舌能尝味而不能自尝其舌,意则举念为知,不念则无知。唯耳根外则能闻诸声,内则能闻真气,彻上彻下,恍惚氤氲,其耳神乎!陈眉公云'耳中忽闻金声玉声,乃是真气来入,道欲成就',雪窦云'眼见不如耳见'者是也。观音以此而入,便能三十二应,十四无畏,谓通身是耳也。而诸余圣者各自以见为见,以心为心,而不能通身遍用也,又安知眼可耳、鼻可口、身可心!岂拘拘一块血肉而已哉。"

楞严咒

或问:"此咒之灵,何广大无穷也?能令闻持、读诵、书写、佩带、供养者,即获摩顶、远厄、灭罪、息灾、感通、护持乃至入道,以证菩提等事,自今观之,则闻持读诵者不少,书写供养者恒多,而摩顶感通之妙不逢,灭灾护持之功未得,岂佛之虚说耶?抑持之不法耶?请详其故。"答:"古德有云:'佛说一切法,为度一切心。我无一切心,何用一切法。'世尊自雪岭而来,唯以直心修炼,初未尝说是咒也。《摩诃般若经》见世尊宴坐,帝释护持,亦有魔属欲侵其侧,帝释云:'予有咒。'乃默念曰:'摩诃般若波罗蜜。'于是魔属尽化。盖咒从直心而得,纵念之,亦般若也。今之人,耳虽闻而心未持,口虽诵而身未佩,设以供养或一日一至、一月一至而已,故于感通不相干涉。然持非徒以言句而持也,即佩亦非徒以言句而佩也。此咒乃不思议之旨,即以不思议之心持之，乃可。夫此心既至于无忍无议矣，是则何思何议，即邵子所谓'终日思虑而未尝有所思虑'者，果能到此不思不议之处，则万有皆空，真常独露，如如了了，明明晓晓，此真白伞盖也。朝如斯，夕如斯，一息如是，千古如是，若逝水之不舍昼夜也。六祖云：'从劫至劫，手不失经；从昼至夜，无不念时。'正此之谓与？如是之人，非佛之来摩顶，而自性自摩，谓公若知本源，佛亦不相似也。非金刚之来护持，而自性护持，谓念虑未起，鬼神莫知，不由乎我，更由乎谁也？非恶星灾难之远离，而自性远离，谓内省不疚，夫何忧何惧也。若然者，通身是咒，通身是护法，乌得以虚说目之乎！咦，只恐未到水穷山尽处，还须默地娑婆诃！"

众生十二种类

或问："众生世界，皆因妄明发生而有。然则今人所作所为，无不是妄明显现，何世界不见重出？众生不见并有？似与经义相背也，请释其说。"答："大道本乎一心，一心包乎法界，此理之所难隐者。所以世尊前云富楼那之义，谓虚空为同，世界为异，众生乃无同无异之相。倘若吾人一念清净，则六根寂然而同体，是吾之虚空也。才一着境，则六尘纷然而异支，是吾之世界也。少焉，忽生忽灭，或真或妄，则六识炽然，而若同体，若异支，是吾之众生也。有此三者，含藏自性，迁转不化，是则为轮回中物矣，即十二类亦由是而有也，岂不是众生世界皆因妄明发生而有耶？大颠所谓'清净界中才一念，阎浮早已八千年'者，正此义也。透得过的,当于这里猛省,劈破面门,同自不同,异自不异,山河原是法王身,糊饼依旧是馒首,是佛亦空,何十二类之与有。"

三渐次

或问:"三渐次法,除其助因,则身清净矣。刳其正性,则心清净矣。此则违其现业,则根尘二种,不相流碍。二种不偶,识亦不生,所以安隐。且有一切如来密圆净妙,皆现其中,而获无生法忍,似将及第矣,何故又云从此渐修安立圣位耶?"答:"菩提本无渐次,因摄众生之心,而有渐次。众生既着有而生,则摄生处亦假相而进,即《法华》之化城,为歇其劳心,以助前程也。若是过量之人,开口道着,举步踏着,夜夜同眠,朝朝共起,以何为渐?复谁作次?这是不读诗书人公案。若是读诗书人,此三渐次法,正是会做文字了,必须举乡试、举进士,然后得名得位也,岂可不用圣位哉!只是到那事业完备时,归来林下,依旧是个未曾读书人。菩提涅槃,休歇如是。"或又曰:"过量者,不用渐次,即名位亦不用乎?"答:"应以佛身得度者,即现佛身而为说法。"

十 信

或曰:"《合论》云:'此十信尚属生灭。'其说果否?"答曰："然信有自①内而发者，有自外而来者。自内发者，本②无生灭。自③外来者，有生灭也。何以见之？如人初生下地，手便知动，足便知踢，鼻便知出入气，口便知号叫，眼便知视，此天则所不昧者，乃性信也，非习信也。及长而根尘识相互起缘，境便昧了，日用中叫即回头，吃饭便举箸，穿衣便抬手矣，即有具信者，亦是教而善，指而归，盖自外来者也。所以十信由除欲而生，便有依倚，此乃不得已，为初学菩萨作一系马杨柳耳。正苏长公云：'瞽者欲告之以物，患其不识也，则又以一物状之。夫此一物状之，则又一物也，非是物矣。'又云：'道有至是者，有用是者，故其法常二，犹器之用于手，不如手之自用，莫知其所以然而然也。'今之十信者，其器乎，后之住、行、向、地，亦复如是。"

五十五位

予谓四十四心，一心也。五十五位，一位也。何耶？干慧心者，干其爱欲而生慧。慧既生矣，则灵台洁净，一切善法自静中生，即现前最初一着，厥后十信、十住、十行、十回向、四加行、十地亦皆自此建立将去，有是心故有是位也。要知净信一着，实菩提根本。信此心而信此法，则真性常住，住即定也。定而后行者，则以信、住自利而复能利他，得利他已，我与众生，

---

① 原文为"有"，以意校为"自"。
② 原文为"木"，以意校为"本"。
③ 原文为"有"，以意校为"自"。

共回无为之心，向于涅槃之路，是皆止于至善之地。到这里佛慧资生，故有四加行。四行既成，则如土长苗，似地之有发生处。及至十地圆满，与佛相齐，而无功用可施，故曰等觉。到等觉已，了知法位皆空，依前只是旧时人，故云始获金刚心中初干慧地也。所以善财初参文殊者，以智生智也，即干慧心也。逮得历过五十三员知识，复蒙文殊摩顶者，终归于智也，即初干慧地也。又诣普贤而记者，得妙觉之用也，所谓末后一句，即未生已前一句也。然法不离体，内外本如，何必南参知识，遍历法位哉！三藏法师云："修习空华万行，宴坐水月道场，降伏镜像天魔，证得梦中佛果。"盖颂此也。太初云："会得频来注我闲，不劳涉水与登山，往来长与君相伴，觉后方知道不难。"盖明此也。虽然，如是痴人面前，不得与仙说梦。

想举情沉

予谓情与想，似别而同也。想虽轻举，第所想者，必先缘境而后想也。情虽沉重，第所发者，必先由想而后动也。盖想之相，即心之所思，思而存之于心，故常虚悬渴仰。此只以存想善法、希冀道理一边论，若见色而思，见利而想，见一切喜乐之事而存之于心，此又属于情矣。何也？情乃性之所发也。若发之中节，即感而遂通之妙也。奈何一见诸境，着而不回，痴而不脱。故其源本清而浊也，其根本飞而沉也，其体本轻而重也，岂吾人之性觉中有若是想、若是情、若是境相之多者耶？总为一切惟心造也。若想处不真，则想亦情也。若情能返照，则情胜想矣。道家有云:"情来归性初,乃得称还丹。"六祖云"无情无佛种"者,亦是义也。经文以持戒、持咒、存佛、存天之想为轻者,纯于善者也;以贪味、贪财、行淫之情为重者,纯于恶者也。所以善恶情想之中,而有十分之例加感者,盖专于善恶之论也,岂区区想为轻、情为重哉!倘能纯情于善,重亦可轻也。若纯想于恶,飞亦为沉也。学者须细思之。或问曰:"经云:'心欲生天,梦想飞举。'若飞心中善福兼慧,似想自想而心自心也。又云:'纯情即沉,入阿鼻狱。'若沉心中有谤大乘,似情与心为两样也。请详示之。"答:"若飞心中,若沉心中,语虽别而义同也。所以谓之心者,知觉而后有也。凡人之一生所作所为,或善或恶,唯心知之。若相与浑忘,则临终之时,不现于前,反能转业。此之沉于心、飞于心者,谓临终之时,知觉犹存也。故善则超升,恶则坠堕。此谓被业转也,安得谓情与想离吾心而别有耶?诸仁者,但能无心于事,无事于心,则外尘无所依,内心无所为,想非想而情非情,天堂不有,地狱本空矣。咦,虽然如是,只恐依旧寻他舌头路,等闲昧却空里步。"

十习因六交报

或问曰:"今人日用中举动谋为,无不在此十习六交之中,固难免其沉坠矣。然则升举者亦在此十习六交之中,以何方便而越众焉?请不吝其说,作将来眼。"答:"十习由六根而起,六交由十习而结,以根缘尘,尘缘识,互相幻成身口意之三业也。若论沉坠升举,在乎见性与不。

摩阿难顶告示阿难一节

此一节乃如来舒金色之臂,摩阿难顶,且曰:"有三摩提,名大佛顶。"又云:"十方如来,一门超出妙庄严路。"何故于此依旧诘其讲堂林园之见,竟未示出一门者果何门?妙庄严路者果何路也?要知此节,重在"不见如来,见堂外者"之句,此中潜有此门,隐有此路也。然虽有为权教,实寓无为至理。世尊以此段而提挈阿难者,盖以讲堂喻阿难之色身,以如来喻阿难之性体,以堂外喻阿难之尘境也。奈何阿难不自觉了,而移真遂妄,所以世尊以此征为七征之首,以此见为诸见之本。能于此悟入者,又安得不称为大佛顶哉!

七处征心

昔陵行婆被赵州勘破,哭声乃云:"赵州眼光,灼破四天下。"州闻之,即令侍者问云:"如何是赵州眼?"婆竖起拳头。州遂传偈曰:"当机觌面提,觌面当机疾。报与陵行婆,哭声何得失。"婆亦答偈云:"哭声师已晓,已晓复谁知?当时摩竭国,几丧日前机?"只如世尊问阿难:"唯心与目,今何所在?"若是阿难得此妙心,当时竖起这个拳头,岂不令世尊杜[1]口无言,何更有此七征耶?世尊原为垂手接引一事,故以阿难为法缘,开权

---

[1] 原文为"枉",以意校为"杜"。

显实,使末代儿孙,自迩及世间为一法也。孰为造?孰为犯?孰为坠哉?咦,前日圆通寺,无马便骑骡。今日普贤庵,天热便下河。分明只是这此儿,一任诸人唱哩啰。

十种鬼类

或问:"众生既已诽谤律仪,犯菩萨戒,毁佛涅槃,则堕入无间,理固然也,云何出为鬼趣?唯有贪物贪色,乃至贪党等十种之因而出,竟未见破律犯戒毁涅槃者作何鬼也?请解其惑,可乎?"答:"众生由有十习,就有六交,盖习与交,即纯情也。然谤律犯戒,毁涅槃者,岂舍此而别有哉。如十罪中以贪为主,贪而不返,即痴也。贪恨,即瞋也。此是意根之业,乃根本罪中犯戒之首罪也。贪物则有杀盗存焉,贪惑、贪罔、贪明、贪成,皆出心之虚妄。舌之奸诈,谤佛谤法,皆由此出。罪之总者,破律犯戒,毁涅槃是也。罪之散者,贪物乃至贪党之十罪是也。括而言之,不出五逆十恶,故经文不重说耳。"

十种人道

据上十种,则知人道。参乎想明者十三,合乎情幽者十七,所以昏愚顽钝者多,文明特达者少,向上者少,下流者多也。然此界为五趣杂居,故究其用心,则人趣中五趣皆有复形者,不止畜生一类。如天竺僧耆域,晋惠时住洛阳,诸僧作礼,指文法渊曰:"此菩萨从羊中来。"又指竺法兴曰:"此菩萨从天中来。"又僧昙翼，生时胁有雉毛，故名翼。因宿生听《法华经》，得脱雉身故然。则人中诸类皆有，不止一类。如富贵而慈善者似天中来，克很而刚愎者似修罗中来，贫贱而常冻馁者似饿鬼中来，顽痴而无知识者似畜生中来，常牢禁而囚首垢面者似地狱中来。夫种类不同，胜劣各异，则知来路定非一处。今则偏就畜生一道复形者说，以见人身难得，而袈裟一失，人身犹难复也。故裴公序《圆觉》云："鬼神沉幽愁之苦，鸟兽怀獝狘之悲，修罗方瞋，诸天正乐，可以整心虑，趣菩提，唯人道为能耳。人而不为，吾末如之何也已矣。"

十种仙

此十种仙，虽优等于人，然其所行之术，皆属幻妄。且罗汉以九次第定为坐禅法，世尊犹责之为妄想缘影，何况着认一色身而求寿相者乎？故黄龙斥为"守尸鬼"，玄沙呼为"魂不散死人"也。或曰："几见修仙者多有显化之遗迹，又有相传之验术，似有所倚，而不落空谈，若近之。修佛者不惟不见其显妙，而反有不如意事，岂若西域道者动辄①渡水腾云，或入定千百年一醒，而阇维出其舍利。似此亦令人有化城之想也，而我辈何沓漠之？"答："此辈纵履水如平地，闪睛如耀日，亦是妄想所成，有为所就，尽属外道波旬，非大乘根器也，又安知最上乘法与太空同体，无为而彰，以遍千世界为一只眼，以无量有情为一个心，其

---

① 原文为"彻"，以意校为"辄"。

显化乌得有穷之者哉！彼地行者以食道为功，且不知我之甘露浆、禅悦食、金牛饭、云门饼、赵州茶、投子油，一饱可以忘百饥矣。彼飞行者以药道为功，且不知我之阿伽陀药触之则根结皆消，一念相应草服之则万苦尽除，寿命无量矣。彼游行者以化道为功，且不知我于烦恼矿中炼出佛性，金光遍世界，耀满十方矣。彼空行者以气精为功，且不知我不依气息，不依形色，不依地水火风者，是真空行也。彼天行者以润德为功，且不知我性水真空，性空真水，能现香水大海，生长乌昙世界也。彼通行者以吸粹为功，且不知我夜明符、无尽灯，灼破天地，过于日月矣。彼道行者以术法为功，且不知我以不思议心，持不思议咒，则三世诸佛、天龙八部，立时护卫矣。彼照行者以思忆为功，且不知我终日思虑而未尝有所思虑，正当恁么时，本来面目自能圆照法界也。彼精行者以交遘为功，且不知我纯一无杂，具足清白梵行之相，一受形来，在眼能见，在耳能闻，在鼻辨[①]香，在手执捉，在足运奔，所谓夜夜抱佛眠，朝朝还共起矣。彼绝行者以变化为功，且不知我之变化，不造生死，不求涅槃，不染凡，不入圣，不居闹，不居静，不舍道法而现凡夫相，不起灭定而现诸威仪矣。诸仁者，若识着采药、炼石、运气、持咒者是谁，或者毕竟是谁，便与和尚共一鼻孔；如或未然，且去深山岩穴里搬弄此精魂也罢。"

[①] 原文为"辩"，以意校为"辨"。

三界诸天

或问："六欲天虽离尘扰，而未能绝欲；色界诸天虽离情欲，而未尽形累，尚有色质；无色界天色空俱无，而伏识现行，得定果色。此固以各所修因而得证，故不能出三界者也。然维摩室中散花天女，与宴坐岩边献花闻法天人，散花者变舍利弗，而舍利不晓，闻法者知无闻无说，而空生欣取，此两种天人，不知生自何天而受自何师，乃有如是之圣辩神通也，而诸天何独滞碍乎？且《法华》龙女，具腥臊之质，献摩尼而南方证果。《涅槃》广额，掷屠刀而成千佛一数。此两者较之诸天又何如？又六念中念天之法，未审所念何天？元珪付岳神之戒曰：'先后不合天心。'亦不识所合何天之心？请详示诸种乃可。"答："心佛与众生，是三无差别。岂诸天离此三种耶？但执一不通，妄成绝欲离情、空色伏识之因，故现三界天形也。彼天女者，知佛性本无男女之相，则此身可任性而化，随物不变，正能化者不变之真也。岩边闻法者，般若了然，则与帝释竖草何异？龙女所献者，岂世珠耶？即性珠一呈，三界销殒，何智如之！若广额屠儿，又不可与诸天共论也。何也？掷刀者已非广额，乃千佛中一佛所掷也。世尊岂肯犹豫不诺之！云如是者，正见千古老作家也。所以诸天不悟于此，执绝欲为绝欲，而不知欲本无绝；执离情为离情，而不知情本无离；执空色为空色，而不知色即是空；执伏识为伏识，而不知识即是智。强于中研穷销碍，舍苦觅乐，舍乐归净，殊不知舍有归无，犹是逃峰而赴壑。本无含那、凡夫、外道，皆由不翻筋斗而致。若能翻得筋斗，则成法、破法皆名涅槃，智慧、愚痴通为般若，诸戒、定、慧及淫、怒、痴通是梵行。能如是，即谓之六念中之念天也，亦谓之先后所合之天心也。夫天心者，即先天而天弗违，后天而奉天时。天且弗违，而况于人乎！况于鬼神之说也！奈何在天而不知，噫！"

发真归元

或问："若谓一人发真归元，此十方空界皆悉销殒，果如斯言，则释迦成佛后，无天无地久矣，何以十方世界犹存耶？"答："昔有问于袁中郎曰：'仲尼乃致中和者，何春秋之天地不位，万物不育？'中郎曰：'今人愁苦则晴日和风皆成忧隐，今人快乐则疾风暴雨皆成畅适，何关他天地万物事，因人自得不同耳。'若在孔子分上实位，释迦分上实殒，但非粗浮者所能知见。夫不殒则不位，不位则不殒，殒位之间，总无见闻思虑，尽之矣，奚必深求哉！"

魔王宫殿崩裂

或问："行人发真归元，菩萨罗汉不相恼害者，正所谓千圣同源，彼此如一也。然则魔王鬼神及水陆精灵，以何因缘而宫殿崩裂自相惊慑耶？"答："方等会上，有无量尘属恼害世尊，而世尊安详不遣。唯文殊即入破魔军三昧定，魔众当时脑裂，而肌骨欲碎。世尊兴慈，复止文殊出定。魔众乃云：'宁闻千万释迦佛名,不愿闻文殊师利一名。'且文殊自白云:'魔非外来,乃自己心境所招,若能一心大定,万虑冰销,则内外魔境自灭。'以此观之,喜有喜魔,怒有怒魔,烦恼有烦恼魔,自性若无喜怒烦恼,内境不出,外境不入矣。以是因缘,能令魔宫崩裂惊惧者,不亦宜乎?"或又曰:"心无境灭,理固然也。其后佥来恼害者,何耶?"答:"那伽大定,无论森罗万象,俱在定里蹉跎;东入西出,男入女出者,即此定也。是定若使魔王得遇,即令转魔为佛。初修行人未能及此,虽入真修行路,圣智未圆,识阴未尽,纵到三摩境界,犹如不破明镜,未免胡汉影来,佛生相现,稍失主持,则魔王住舍矣。要得撒手无碍,请君打破明镜乃可。"

五阴主人

或曰:"正受禅师谓入三摩提者,要在不迷五阴主人,而亲识主人面目,知主人住处,若识其面目,知其住处,魔将何所施力?岂待暖气渐邻,始能销殒之说,善固善矣,但不知以何为五阴主人也。若五阴中别有一主人所主,则可谓真主①矣,何云五阴?若即五阴而为主,则成五主人矣,何得归一?请析其源。"答:"发而为识,转而为智者,此五阴主人也。五阴以此为体,此以五阴为用。若驾船之师,东西南北,无一不晓。乃生乃佛,为实为权,能为无量劫来生死本者,此也。即妙圆明无作本心者,此也。谓其灵灵寂寂者,乃伊假面目也,破灵灵寂寂而归之

---

① 原文为"土",以意校为"主"。

无所住者，真面目也。谓其罔象虚无者，乃伊假住处也。如如不动，了了常知者，真住处也。昔有生问于见吾子曰：'今人所作所为，无一不是灵性显现，忽然气绝时，未审这个灵灵寂寂的东西，当归何所？'见吾子曰：'你今问我的时候，这个灵灵寂寂的东西住在甚么处？若识得今日所住处，则知后日所归处矣。若未知生，又焉知其死哉。'故世尊谓庆喜曰：'汝若不识心目所在，则不能降伏尘劳。'所以知其住处，识其面目，魔变为佛。真无，假何销殒如之？不见古之宗师，常自召曰：'主人翁。'复自应之曰：'诺。''惺惺着，他时后日，莫受人瞒！'复自应之曰：'诺。'呜呼，此其可谓真知真识者也！"

色阴区宇

若云动静不移，忆忘如一，似打成一片，而精明不为动静忆忘所夺，可入三摩地矣，云何又被色阴所覆盖？色阴者，由精明而有。有明然后见色，明即色之因也。有明然后别暗，明即暗之机也。精明未脱，如痴蝇之扑窗，心望其明以求出，不知有纸为隔碍也。原见因明，不知有隔也，如此则未免落入色阴窠里。又如飞蛾之扑灯，亦求明也，而不知身被明没，即此一精明，即是障道之魔军，何关外来者耶？昔袁中郎过江陵，夜见一僧于舟中自剃其首，旁有曰："何不点灯？"中郎哂之曰："纵有灯，亦无用也，彼自有真明在，何用假明为？"要知入三摩地，当用手中眼可也。

受阴区宇

所谓得其体而不能用者何也？盖见诸佛心如镜中像，此是工夫上事，未是见性一着。所以虽识寂然不动之真有在，而未晓感而遂通之妙无穷也。若得见性，则无事非体，无时非用，无体而体，无用而用，何隔碍之有哉！正如香严初见仰山而呈偈云："去年穷，未为穷。今年穷，始是穷。去年穷时，犹有插锥地。今年穷时，锥也无。"仰山曰："师兄会得如来禅，祖师禅犹未梦见在。"此点香严得其体处也。一日香严锄地，掷瓦击竹而有声，即此有悟，次而成偈于仰山曰："我有一机，举目视伊。若然不信，便唤沙弥。"仰山曰："师兄会得祖师禅也。"此点香严得其用处也。若得其用，则识阴亦超，何止受阴！若未能得此，如其魅魔之人，心固明了，而不能足之蹈之，手之舞之。若布袋里老鸦，欲出则不能出，欲破则不能破，左研右究，心境炽然，不免受阴之魔有出也，可不慎哉，可不悟哉！

想阴区宇

或曰："从是凡身上历六十圣位，已登圣矣，何故喻为寐中寱语？"答："古人谓修习万行，尚成空华，宴坐道场，犹同水月，纵见灵山一会，诸佛圣贤，亦是天台眼底之沙，何况六十种络索行门，不为真空体上之障碍哉！所以龙女知献珠即授记，广额明掷刀是证果，故觉速而成亦速。善财不知始参之文殊即末后摩顶之文殊，则觉迟而了亦迟。从是凡夫上历圣位者，正善财边事也，故喻为寐中寱语。何也？试观睡熟之人，而有寱言，及至于醒①，了不可得，亦不自知。可见六十圣位，是人虽进历修而自性不相干涉，此惟不寐者知有梦觉之差，到地者识有顿渐之阶也。渐中之路既繁，则乘间之魔亦扰；参理之想既生，则区局之阴方起，又岂能如献珠掷刀者之畅快哉！祖师云：'见道方修道，不见复何修？道性如虚空，虚空何所修？遍观修道者，拨火觅浮沤。试看弄傀儡，线断一时休。'又云：'道性本无修，无修自合道。若起修道心，斯人不见道。昧却一真性，反人闹浩浩。若逢修道人，第一莫向道。'能会此老数转语，始信搬柴运水汉，即是放光动地人。"

行阴区宇

或问："既云了罔陈习，唯一精真，则识阴已现矣，何故行阴犹未尽？"答："想阴如大流，行阴如波，识阴如澄水。盖想即六识，行即七识，识即八识也。想阴已尽，六识灭矣。灭即为七识之半分相，又能见诸十二众生者，是则精真复生矣，生则又为七识之半分相也。有此生灭之境，则清扰犹在，安得不为行阴区宇也。故《楞伽》所谓：'不觉五阴自共相，是自心所现不实，计有七识身。'由此观之，修行不知者于中起染，故成十种外道也。《楞伽》又云：'恶心出佛身血者，正以空无相愿三无漏智，

---

① 原文为"惺"，以意校为"醒"。

断彼七识，妄觉染污，盖以染如血也。'"

识阴区宇

或问："行阴已尽，则生机隳裂而感应悬绝矣，且能六根虚静，不复驰逸而内外湛明矣，因何犹是识阴区宇未曾破也？"答："若欲破尽识阴，须凭甚深般若。中间少留见闻，少着思议，依前又是铁山铜网，虽云六根虚静，犹有①六根在也。虽见内外湛明，犹有内外影也。且又观由执元，这里纯是第八识生理，如镜在握，何尝破得此局！所以破后之相，六根互用，则六根之门已销，明若琉璃□②，内外之境俱化，方得名为向上一着也。故镜清和尚问灵云曰：'混沌未分时，如何？'云曰：'露柱怀胎。'清云：'分后如何？'云曰：'如片云点太清。'清云：'只如太清，还受点也无？'云不对。清云：'恁么则含生不来也。'云亦不对。清云：'直饶纯清绝点时何如？'云曰：'犹是真常流注。'清云：'如何是真常流注？'云曰：'似镜常明。'清云：'向上更有事不？'云曰：'有。'清云：'如何是向上事？'云曰：'打破镜来，与子相见。'盖瞻顾精色，观由执元之处，正是真常流注，不知者于中妄度，故有向下十种外道，要得本无留碍，须打破镜也。天童拈曰：'且道打破镜来，向甚么处相见，还会么？'清秋老兔吞光后，湛水苍龙蜕骨时。"

---

① 原文为"若"，以意校为"有"。
② 原文漫漶不可识。

诸根互用

或问："诸根互用之法如何解？"答："互用有二：不见性者互用，则为十习六交，即百姓日用而不知，永嘉所谓触途①成滞也。见性者互用，则为三十二应，三类化身，古德所谓随流认得性，无喜亦无忧也。然诸根可合而入于一，一根可分而散于万，一处不见减，万处不见增，又安知有非一非万之所以然者哉！昔仰山问中邑：'如何是佛性义？'邑云：'我与你说个譬喻，如室有六窗，中安一猕猴，外有人唤云狌狌，猕猴即应，如是六窗俱唤俱应。'即云：'只如猕猴睡时，又作么生？'邑乃下禅床把住云：'狌狌，我与你相见。'盖六根犹六窗也，猕猴犹佛性也，人只知六根有见闻觉知，而不知所以见闻觉知者性也。若在见闻觉知上用心，则诸根不能互用；若在本来性体上任运，则一根能作诸根用。诸根圆成无量觉，正所谓无边刹境，自他不隔于毫端；十世古今，始终不离于当念也。"

八识因缘说

世界未成，色身未就，总一性觉妙明，即真空圆湛之体，儒家所谓无极而太极也。盖此妙明一现，则如镜生明，即名真常流注。《楞严》谓之觉明为咎者，即阿赖耶识也。此识空空洞洞，

---

① 原文为"涂"，"涂"通"途"，以意校为"途"。

灵灵皎皎，如罔象虚无之相。《楞伽》所谓譬如巨海也，海者能纳众流，若镜能照万象，故曰含藏，又为心王。然海之水，澄而净为静，彻而波为动，动则生，而静则灭，即心王之中灭则真，而生则妄也。既有真妄生灭，则成业识，号曰末那识，《楞伽》所谓识浪也。然又名之传送者，何也？盖此识依真染妄，缘妄乱真，忽有忽无，乍生乍灭，故曰传送也。传送由知而有，知由想生，知妄知真，知有知无，知生知灭者，第六分别意识也。此识由境而知，境由根偶而对，故眼能识色，耳能识声，鼻能识香，舌能识味，身能识触，色、声、香、味、触纳之于意，而分别其美恶淑慝精粹幽戾者，即意之法尘也，《楞伽》所谓"斯由猛风起"也。所以八识因七识影现，七识因六识染习，六识因五识分别，五识因六识揽境。然五识非因六识不能揽境，六识非因七识不能分别，七识非因八识不能染习，八识非因七识不能影现，当自性觉妙明真空圆湛之初，一识尚无，何况有八！只因一觉明，则散为见闻觉知，同体异户，十八境界牵缠，十二因缘钩锁，裁①下三世革囊也。《楞严》既曰："若识阴尽，则汝现前六根互用。"从互用中便能超过十地，是必有下手处。或曰："五识不着诸相，六识不分别取舍，则七识灭而八识无生矣，其得互用，可乎？"曰："美则美矣，犹落云门病处。天童所谓'船横野渡涵秋碧'，此颂到法身处，未免棹入芦花照雪明，此颂直饶透脱，放过即不可也。"又曰："转而成智，可乎？"曰："转则落于渐次矣，只饶转到大圆镜，则《心经》又谓'无智亦无得'者，何

---

① 原文为"栽"，以意校为"裁"。

也?"曰:"然则何以返还之?"曰:"真空,太虚也,以一气而化生万物者,道也,天性也。有虚然后有气,有气然后有灵,有灵然后有觉,有觉然后有知,知然后明,明然后生,生然后化,化化而生生者,即生灭灭生也,无同异中炽然成异也。若欲返还,如天目中峰云:'一味生擒活捉,百般大用全提正。'永嘉不肯摘叶寻枝处,汝但眼如眉、鼻如口、心如发、脚如首,则眼为天则之眼而见此性,耳为天则之耳而闻此虚,鼻为天则之鼻而调此空,舌为天则之舌而尝此真矣。夫如是,则五蕴为空如来藏也,根尘识为不空如来藏也,七大为空不空如来藏也,得不成互用哉!咦,才闻枯木里龙吟,又道鼻孔解撩天!"

转识说

盖性觉之妙明者,天然智慧也,《法华》所谓无师智、自然智也。及至转为觉明而生妄,则是转智为识也。今欲转识成智,须明逆顺之理。逆顺者,即妙明之心向外生妄而影现,为顺为识,向内明性觉而真实,为逆为智。道家所谓顺则生人,逆则成仙也。或曰:"此中何以见其四智之妙乎?"曰:"得到返本田地,即是入门见释迦,出门遇弥勒,眼识见色,色即是空,耳识闻声,声即是法,此正一相中得见弥陀也。古有云:'任运即常而知则合本妙,违时失候而觉则合妄尘。'倘能应物不迷,此即成所作智也。意者,主于分别取舍,若能见有亦有而不有,见无亦无而不无,遇分别与之分别而常一,遇取舍共之取舍而不变,斯则谓之妙观察智也。传送识者,有风则有浪,无风则浪绝,虽前六识,既不分别,揽境则销其粗分矣。然而依附觉明则生灭之根犹在,但能灭之以气,生之以虚,气也者,虚而待物者也,常常积虚,斯则谓之平等性智也。如来藏性不离含藏八识,此识似镜常明,故号真常流注,若能打破镜子,则大地法王身,全身华藏海,斯则谓之大圆镜智也。虽然如是,只饶踢翻沧海,遍地尘飞,喝散白云,虚空粉碎的,到来只①许一半。"

销安逸鬼说

吹万子一日出泥洹之室,处法王之殿,当斯时太音方声,太素方形,唯以何三昧为涉世具?嗟彼阐提曹,抱尘焰于阎浮,耽鸢鼠于器界,其智莫吾信也。而髡头哑羊者蔽摩尼于衣下,眨圆影于眼底,其智莫吾进也。吾欲为昙无竭俟洒血波伦而当机乎?欲为莎陀诃作不请之友而醒之乎?噫,俟则有待矣,刖足而泣玉者几谁?智则有悲仰矣,药草之三根易庇,其不请之友,不择主人请事斯以决已。

而殿旁有言曰:"自古高上之士,不入而藏,不动而扬,且有坐卧松岩饱刍粟以自乐,况复春山之钓,甘贫贱而肆志乎!梅熟深山者,以芥叶流通而设问,此果莫辨②岁时,则见风薰雪冽为一色,何怡怡然自得焉!若何必汶汶于物,浊浊于尘,徒卖舌根于齿上,而竟莫怖其杜口者坐断耶?若无以上林子规为聒耳也,请思之。"

吹万子聆其说,瞩之四方,则有声而无形,喟然叹曰:"彼

---

① 原文为"秪",以意校为"只"。
② 原文为"辩",以意校为"辨"。

何人兮,乃不可踪迹之,若是其语也。"询诸大圆主人。主人曰:"阒阒寂寂,灵灵皎皎,吾之质也。销吾质以复吾太无之初,随其圆湛,依其性觉,不有而有,不无而无,吾之极矣,奚暇言语为哉!请问诸平等公。"

公曰:"销质戕真,返体作用者,吾先有之,今则闭门打睡,青黄黼黻不关其色,金石丝竹不关其声,若水之常性,随圆就方,不识短长,语则吾未之出也,请问诸妙观察长者。"

长者曰:"剖碔砆以别玉,析鱼目以辨①珠,吾能之也,而后是有是无则随是,非有非无则随非,是非群起,灵台物蔽,得摩诃衍大德以无住益我,无心唤我,忽尔见闻觉知无障碍,声香味触常三昧矣,语则吾不能也,请问诸垣外五老。"

五老曰:"拙本太元之根,灵荒之母,遭六动之牵缠,七绕之繁系,归则同门,出则异户,轩辕氏名吾曹为五贼,良有以也。今则遇怛阔丈人,以玄珠而易其睛,以无弦之琴而夺其声,以天籁灵台而变其面孔,以谷响、潮音、松声、竹韵而换其舌根,又复以枯木寒灰而转其四大,使吾曹脱脱然成所作处而无心,此尚无心,孰为有心而出诸言乎?先生宜自反,慎勿将心外求,若瞥耳回头,彼身自露也。"

吹万子遂柴其中,槁其形,灰其心,问之无答,举之无陈,绝情绪于气漠,理庖刀于络经,安详自若,额规规而频频。少焉,殿侧之语者果露其形也。吹万子咄然责之曰:"若乃安逸鬼也,若之所以安逸者,非安逸之所以也。若常饭粱啗肥以可其

---

① 原文为"辩",以意校为"辨"。

口,毛褥纺丝以厚其身,衣食足而思安,安而逸,逸而倦,不展七佛之仪,不筑五王之阶,况复知有饥者在巷,寒者在林,陷溺者在颠,危哉!若不见夫白蟒处幽邃于二千岁者,好静之比丘也。目放晶光,而渡河不以筏者,黄檗所呵之神僧也。如獐独跃,不保其群者,瞿昙所病之辟支也。虽然,巢父、许由、善卷、子陵,为上古之隐君,盖彼一时者也,又安能为我今世之觉有情者哉!若何以子规启我,其归去来,明时吹万子欲痛之以棒,窆之以无阴阳地。"

安逸鬼乃尔厉声曰:"影之所以弄者,童儿也。象之所以舞者,狂夫也。弃影劳形则不可,处阴灭影固其然。先生知我为鬼,宁知我亦真乎?知我为影,宁知我亦形乎?夫鬼之所以为鬼者,识也。吾有时而鬼,复有时而真。有时而鬼,见闻觉知无不鬼。有时而真,视听言动无不真。先生莫轻错过我也。"

吹万子曰:"吾善知若为鬼者,返识成智,融智而后有知也。不知若为真者,销鬼为真,脱真而后相圆也。若但知汝之安逸为是,又乌知汝之安逸为非哉!盖不知安逸之所以而安逸也,若将何归焉。"

安逸鬼请示安逸之所以。吹万子曰:"夫安逸者,匪一匪多,若种莲花于大焰坑中,趺正觉于碎刀树上者,此羼提之安逸也。蹈三月聚粮之程,而脚跟不遐于户者,动用之安逸也。唱悬河之舌根,而海口无声者,说法之安逸也。又乌知有一身无量身,一空无量空,收一息而万有全彰,遍十方而一毫不露,其安逸何自然耶?岂与尔默默于一界一身,踏踏于一心一眼者同日语哉!"

鬼闻其旨,恍若失魄丧神,啾啾然曰:"愿同游安逸矣,愿同游安逸矣。"继而大圆主人,而平等公,而妙观察长者,而垣外五老,异其口而同①音曰:"安逸鬼销矣,吾曹亦愿先生销之。"

吹万子曰:"若辈不在销而在融也。予唱之,而若和之。唱之以无声,和之以无音。无声则昏昏而默默,无音则杳杳而冥冥。混沌之精,乃吾之门,予与若共游广莫之源于何有,探寥天之一于无生。"

大圆主人曰:"善。"

---

① 原文为"问",以意校为"同"。

卷 五

《法华经》

总 说

《法华经》者，乃华严会上未了公案。只因二乘学人，在菩提场中，不知身汨大海中，犹然叫渴；不知头触饭箩边①，犹然叫饿。世尊只得曲为中下，向鹿野苑，调跛驴，医瞎马，暂以涅槃一日之价延之，彼等自甘满足，不求向上一路。复对大乘菩萨，而痛加贬斥，故号方等会也。然贬斥之间，尚尔安恬，不识言忠逆耳。又复命广宣摩诃衍法，以导菩萨，而彼等只作传言送语，于自本性不相干涉，所以《无量义经》，无量义定由是而入，由是而说也。原始要终，总是如来藏身、华藏世界中事，分之五时，一之半满而已。此经家序经之法也，若在衲子分上，则二乘人在菩提场中未了者，正是广度众生，四弘大愿。惟虑遮那藏身大了小不得，庄严世界多了少不得，末代儿孙，将何悟入？以何抵止？不免妆聋卖瞽，含声忍气，庶几世尊改废绳墨，变其彀

---

① 原文为"极箩边"，"极"当为"饭"之讹误。

率矣！吹万颂曰："蝶脸苍胡才老叟，一回换面叫孩儿。分明为人千人耳，雪曲巴歌转变吹。"又云："唤马何曾马，呼牛未必牛。四十九年无一字，将华翳目①教谁瘳。"

佛说此经已，结跏趺坐

　　世尊上座。文殊白椎："谛观法王法，法王法如是。"世尊便下座。二十七祖曰："贫道入息不居阴界，出息不涉众缘，常转如是经，百千万亿卷。"六祖谓法达云："三车是假，为昔时故。一乘是实，为今时故。只教汝去假归实，归实之后，实亦无名。应知，所有珍财，尽属于汝，由汝受用，更不作父想，亦不作子想，亦无用想，是名持《法华经》，从劫至劫，手不失卷，从昼至夜，无不念时也。"梵天答须菩提曰："尊者无说，我本无闻，无说无闻，是名真说般若。"傅大士上座，才按尺，宝志公曰："大士讲经竟！"士便下座。据此数端，从上佛祖，相传真经，更不假文字语言，搬弄唇舌也。故《法华》首序经者云"为诸菩萨说大乘经，名《无量义》，教菩萨法，佛所护念。佛说此经已，结跏趺坐"等语，正见此部真经，乃诸大菩萨方能究竟，一切声闻缘觉所不能知，其能知者，特文字语言耳。所以一部《法华》，从趺坐后，入定放光，疑问宣说，种种因缘譬喻言辞，而成七卷，较之为菩萨说者，已落第二义矣。古德云："饶汝道得，只道得八成。"谓非闭门打睡，接上上者之机也。盖"无量义"者，

---

① 原文为"日"，以意校为"目"。

即诸法如①义也,自觉觉他,其妙无穷,其义无量,开口道着,举步踏着,睁眼观着,张耳听着,动手捧着,起念忆着,所谓夜夜同眠朝朝共起也。故文殊白椎者,白此经也;二十七祖所转者,转此经也;六祖付嘱法达者,付此经也;梵天所答须菩提者,答此经也;傅大士所讲者,亦讲此经也。是则是,只恐无人担荷得,空教明月落秋波。

"尔时,佛放眉间白毫相光"至"起七宝塔"

夫道,若大路然,岂难知哉!第此路人人本有,个个不无,只因迷悟不同,见有差殊,如世尊上座,文殊白椎,在在师子嚬呻,处处象王动步,乃无行而不与二三子者。良由二乘声闻,含有悲愿,不免代诸众生受苦,欲令世尊旁通一线也。所以入于无量义处三昧,放东方万八千光,光中影现六凡四圣,世出世间一切诸相,即布袋和尚所谓把一个囫囵囵的太极儿,弄得粉花碎矣。幸物物各有一太极在,且喜弥勒起疑,文殊说破,二人打鼓弄琶,引往证今,重翻一层公案,直尔现前,将来有个入处。儒云:"易邦之字曰国。"此则易佛性之字曰光。光中所现,万象森罗,即无形之理也。弥勒,即慈心也;文殊,即妙智也。盖此光此理,此心此智,在众生中日用而不知,故六祖云:"一切众生,自蔽光明,宝爱尘境,外缘内扰,甘受驱驰。便劳他从三昧起,种种苦口,劝令寝息,莫向外求。"以此观之,则放光东照,又

---

① 原文为"知",以意校为"如"。

示全部《法华》矣。故中郎先生曰："一光东照，已尽了《法华经》之大旨，其后种种方便譬喻因缘，皆不过《法华经》之注解耳。"昔古灵禅师行脚回，受业师遣令执役，一日因澡身，命师去垢，乃拊背云："好所佛殿，而佛不圣。"本师回首视之，师曰："佛虽不圣，且能放光。"又古德云："汝等诸人，各自有无价宝珠。从眼门放光，照见山河大地。耳门放光，采领善恶音响。如是六门，昼夜常放光明。"吹万曰："且道此光，与佛眉间所放者，是同是别？若道同，枯藤破衲公何事？若道别，依旧南山一色青。"

不退诸菩萨，其数如恒沙，一心共思求，亦复不能知

佛所成就第一希有难解之法，唯佛与佛乃能究尽，至于声闻、辟支，极其神力度量，皆不可得，此固然也。其不退菩萨者，已到等觉，亦何缘而不能知耶？吹万曰："思求二字，即障蔽第一希有难解之法的种子，亦由异熟未空，故如是耳。"六祖云："诸三乘人，不能测佛智者，患在度量也。"故谓门人曰："不思善，不思恶，正当恁么时，那个是上座本来面目？"以此观之，正所谓离心意识参，绝凡圣路学也。

五千人退席

此退席四众，人不知是从菩提场中来者，亦不知是法华会中来者。若是菩提场中，应与舍利弗等一类同参，何得退席！若是

法华会中，犹皆倍于舍利等乐闻，亦不合退席。此等何因而出此心行耶？吹万曰："退席者，谓法执未空，故增上慢，乃于佛法中，若聚聋而鼓，是心退而身未退也。"《佛说决定毗尼经》曰："若有比丘，作是思惟，欲断贪欲，欲断瞋恚，欲断愚痴，名增上慢。贪欲法、瞋恚法、愚痴法，异诸佛法，名增上慢。作是思惟，见有所得，有所证，有解脱，见诸法空，见于无相，见于无作，见有诸行，见有诸法，一切法不可思议，不应思议，诸法空无，何用精进，名增上慢。"五千人或是耽着此法，所以退于佛席也。怎如百丈卷却席，只得马祖退归方丈去。

"如是妙法，诸佛如来"至"言不虚妄"

世尊自趺坐入定放光，无不在转此妙法，而舍利犹然三请，正所谓直待金星现，归家始到头也。世尊至此，亦藏闭不住，只得手示明珠，绝其五色，故云："如是妙法。"盖如是者，只这是也，即趺坐入定，日用寻常中事，就是这个妙法。若无此法，安显寻常日用！所以诸佛如来，时时在说。这"时"字即"因时行焉"之"时"字，乃自不能隐者，何尝隐乎尔也。优钵昙花，乃灵瑞之物，极难遭遇，其花有树，名尊树王。若此花一生，世即有佛。如赡部洲①轮王之路，轮王未出，此路则被海水所覆。这两种亦特喻耳。"时一现"之"时"字，即此妙法所现之时。正若此花此路之难值，所谓过百三十劫，今乃得一见也。何耶？谓

---

① 原文为"瞻部州"，以意校为"赡部洲"。

妙法即人人本具之真性，此一迷则沉沦沙劫，即似优昙之不开，王路之不现。倘直下承当，见自本性，证真如佛，即若优昙之时现，王路之出水也。如执相为待时之义，观则如花之遇果，有至多之年，然而世尊于四十年前未曾说也。若果未曾说，则善财童子无言。童子睹良久之外道，供欢悟之梵志，受掌珠之天王，竖茎草之帝释，此又作何而悟，作何而说也？亦必待优昙之问而说耶？亦必待王路之现而悟耶？若四十年前，未说于此，《法华》始说，则世尊临涅槃时，文殊白言："请世尊再转法轮！"世尊咄文殊："我住世四十九年，更未曾说出一字，汝请我转法轮，是吾曾转法轮耶？"此又何为而然哉？盖如是妙法，无说而说，不闻而闻，岂若如是我闻、信受奉行之类可比也！有以远近观大小，论者请看李长者云："无边刹海，自他不隔于毫端；十世古今，始终不离于当念。"又观"汝等当信佛之所说，言不虚妄"，乃可。

是为诸佛，以一大事因缘，故出现于世

世尊①以佛知见为一大事因缘，盖知属心，而见属目，何《楞严》又谓"知见立知，即无明本；知见无见，斯即涅槃"？于此大相矛盾耶？吹万曰："诸佛众生，通共一知见。以相举之，则尘劳先起，故云心目为咎；以性用之，则海印发光，故曰大事因缘。然'开示悟入'四字，总为众生边事，谓即众生知见而开

---

① 原文为"土尊"，以意校为"世尊"。

示悟入诸佛之知见也。返流旋真，因见而缘知，缘知而超脱任运，即常。因知而缘见，缘见而无住，皆从一性上起用，故云大事，故云妙法，故云出现。孔子曰：'仁远乎哉，我欲仁，斯仁至矣。'词虽异，而理则一也。慧聚菩萨曰：'无明爱出即是佛出，贪恚痴出即是佛出。'以是观之，则诸佛知见，何尝离于众生！而众生亦何尝不用哉！故六祖云：'一大事即佛知见也。汝慎勿错解经意，见他开示悟入，自是佛之知见，我辈无分，若作此解，乃是谤经毁佛也。佛既是佛，已具知见，何用更开？汝今当信佛知见者，只汝自心，更无别体。'古人云：'道在眼曰见，在耳曰闻，在鼻辨①香，在舌谈论。知者唤是佛性，不识唤作精魂。'汝等且道，那个是佛性，那个是精魂？"

若人散乱心，入于塔庙中，一称南无佛，皆已成佛道

古德云："大道只在目前，要且目前难睹。欲识大道真体，不离声色言语。"今之"一称南无佛，皆已成佛道"者，盖称处即成处，此道即佛道也。吹万曰："人人有个塔庙，人人心常散乱，奈何？散乱而不入，入而不念佛，吾末如之何也已矣。"

"诸佛两足尊，知法常无性"至"导师方便说"

法本法无法，何尝有性？以其无性，故能性其一切法性，此

---

① 原文为"辩"，以意校为"辨"。

慧足也。佛性本无可见，因缘然后得见，故云从缘起。然起处、见处、缘处、说处，无不是此一乘之法，此福足也。《大集经》慧聚菩萨曰："一切疑网烦恼者，即是佛出。何以故？若如是等法不出世者，佛以何缘出现于世？"虚空藏菩萨曰："若不见有法从自性他性生者，则见因缘；若见因缘，则见法；若见法者，则见如来；若见如来者，则见如；若见如者，则不滞于断亦不执常；若不常不断者，即无生无灭。"以此观之，则二大士先得《法华》之妙旨矣。但此妙法，本无定位，不居世间，亦不离世间，在圣不增，处凡不减，处烦恼而不乱，居禅定而不寂，不变、不迁、不来、不去，以其无定位，故能住于一切法位。盖法位即六凡四圣之十法界，所以世间之相即常住之相。夫如是，则举足下足，无非道场。然此道场，惟佛与佛乃能知之，复能作导师，而方便为人解说。签判刘经臣曰："种种方便，皆是亲切为人，然只为太亲，故人多罔措。"

舍利弗，我昔教汝，志愿佛道，汝今悉忘，而便自谓，已得灭度，我今还欲令汝，忆念本愿，所行道故

　　人人在空劫以前，佛未出世时，本是一个圆陀陀、光灼灼的东西，志愿具足，只为翻筋斗，落将下来，所以见闻觉知、色声香味，种种烦恼，种种无明，当面热瞒，并将圆陀陀、光灼灼、志愿具足的东西，悉忘之矣。或时暂得，心念寂然，不向外驰，如急流水，望如恬静，自谓已得涅槃，不趣竿头一步。今日被如来老古锥，于舍利面门痛劄渠也，只得眼见如盲，口说如哑，向空劫以前承当，佛未出世时会取，方知道不远人，人之于道，犹鱼之于水，未尝①须臾离也，惟其迷己逐物，故终身由之而不知。古德云："万年仓里栖饥馑，大海中住尽长渴。当初寻时寻不见，而今避时避不彻。"到这里授的记的，从来因果不昧，如龙女呈珠，当阳出现，故号以华光如来，为人天师。提刑郭祥正曰："白云岩畔旧相逢，往日今朝事不同。夜静水寒鱼不食，一炉香散白莲峰。"六处授记者，亦复如是。"大通智胜佛，十劫坐道场。佛法不现前，不得成佛道。"李长者云："若废文殊，存普贤，所有行门，皆有漏；若废普贤，存文殊，所有寂定，是二乘；若废佛，存文殊、普贤，佛是觉义，无觉者故，今之久坐道场，尚不得佛法现前，而成佛道者，则以寂静与觉，具足而普化，行门未满也。然佛法为度众生，而有必待所化者现前，佛法亦现前也。自觉、觉他，觉行圆满，方为了当。"《佛境界经》世尊问文殊曰："诸佛境界，当于何求？"文殊言："诸佛境界，当于一切众生烦恼中求。所以者何？若正了知，众生烦恼，即是诸佛境界。"故觉义名佛，不觉名众生，佛具众生之全体，众生具佛之大用，不觉而后觉，众生而后佛也。佛证众生之本源，众生显佛之性体，即不觉而觉，即众生而佛也；若是空劫以前消息，何更有许多络索？佛字亦空，尚何法之有？故《般若经》文殊师利答舍利弗云："佛非佛，不可得，无有言者，无有说者。"《庄严菩提心经》云："若于一切法无所得，是名为菩提，为始行众生，故说有菩提。"又云："若于一切法无所得，是名得菩提。"

---

① 原文为"常"，以意校为"尝"。

然于是中，亦无有心，亦无造心者，亦无有菩提，亦无造菩提者，亦无有众生，亦无造众生者，乃至亦无有佛，亦无成佛者。大众，既无有佛，因何号曰大通智胜？吹万曰："古人道，恁么恁么，几度白云溪上望，黄梅花向雪中开。不恁么不恁么，嫩柳垂金线，且要应时来。"

入如来室，着如来衣，坐如来座

经云："如来室者，一切众生中大慈悲心是。如来衣者，柔和忍辱心是。如来座者，一切法空是。"能说是《法华经》者，具此三法，则全身皆法矣，何更别有《法华》耶？彼其慈则上与诸佛同一慈力，其悲则下与六道众生共一悲仰，而忍辱者即如如不动之真法，空者即诸法如义之旨。故有其慈悲，则吾性之观音，能施三十二应矣；有其忍辱，则吾性之药王，能燃身供养矣；有其法空，则吾性之妙音，能入现一切色身三昧矣。若离此三法而说者，即为谤经毁佛，又岂能脱落皮肤而见真实，脱落繁柯而见旃檀哉！昔谏议彭汝霖居士，手写《观音经》，施圆通，通拈起曰："这个是《观音经》，那个是《谏议经》？"公曰："此是某写的。"通曰："写的是字，那个是经。"公笑曰："却了不得也。"通曰："即现宰官身而为说法。"公曰："人人有分。"通曰："莫谤经好。"公曰："如何即是？"通举经示之。公拊掌大笑曰："嘎！"通曰："又道了不得。"公礼拜。所以古人常以自己之法利人，更不数借他人珍宝。签判刘经臣居士曰："余一夕开悟，凡目之所见，耳之所闻，心之所思，口之所谈，手足之所运转，无非妙旨。得之既久,日益见前,每以与人,人不能受。"试观此老数转语,令天下禅和子垂涎流涕去也,噫!

《见宝塔品》

昔南阳忠国师将示化,辞肃宗。宗曰:"师灭度后,弟子将何所施?"师曰:"告檀越,造取一所无缝塔。"帝曰:"就师请塔样。"师良久,曰:"会么?"宗曰:"不会。"师曰:"贫道去后,弟子应真却知此事。"宗后问应真。真良久曰:"圣上会么?"帝曰:"不会。"真述偈曰:"湘之南,潭之北,中有黄金充一国。无影树下合同船,琉璃殿上无知识。"据此一段公案,则见宝塔不离释迦之全身,而多宝如来又岂外能仁之妙性哉?盖全身无相,借宝塔以现形;妙性无声,托多宝而呈响。所以塔中出大音声,叹言善哉,然多宝实华藏之体,释迦诚藏身之用。全用是体,全体是用。故《华严》会中,将娑婆世界置华藏界里;《法华》会上,移华藏世界置娑婆界中。且释迦按指而开塔,多宝分座而令坐,二世尊之所示者,得无现从本体起用之消息,摄用归体之奥窍乎?经云:"如来不久,当入涅槃。"欲以此《妙法华经》付嘱有在,但以此二字,要看得重,不是白纸黑字,唤作《妙法华经》也,不是黄绢赤轴唤作《妙法华经》也。正谓此一大部经,密而示之,则曰定、曰光、曰昙华、曰知见;显而示之,则曰塔、曰多宝如来、曰释迦、曰十方化身,时时顿在诸人面前。只是无人觑着,不肯流通。吹万曰:"只为有《妙法华经》在,所以诸人当面错过,不能担荷,若是服了巴豆大黄的,即如大心凡夫，一肩担荷了也。何以故？但得雪消去，自然春水来。"

《提婆达多品》

昔提婆在地狱时，佛令阿难问："你在地狱安否？"曰："我在地狱，如三禅天乐。"又令问："还求出否？"曰："我待世尊来，便出。"阿难云："佛是三界导师，岂有入地狱分？"曰："佛既无入地狱分，我岂有出地狱分！"据此数转语，则提婆果能讲① 说《法华》矣。或问："教中常云提婆劫劫害佛，而此经云昔为说法今为授记者，果何义也？"吹万曰："舍迷求悟，不知迷是悟之钳锤；爱圣憎凡，岂识凡是圣之炉鞴。要知提婆于刀山剑树上转大法轮，释迦于镬汤炉炭里成等正觉也。无提婆，安知能仁之广大；无能仁，孰晓提婆之劝助。正所谓妄想兴而涅槃现，尘劳起而佛道成。故佛昔于饥世，化为赤目大鱼，闭气不喘，示为死相。木工五人，先以斧斫其肉。佛时誓言：于当来世，先度此等，先愿与其无生。佛后为忍辱仙人，又被歌利王截其肢体。今之会中憍陈如者，即昔之木工与歌利王也。由此二番② 之割截，成就释迦之慈悲。不然，则饥世之檀度，深山之忍辱，复何缘而得耶？盖提婆善说《法华》，即木工歌利之法也。世尊今与授记，即先度憍陈之誓也。所以憎心妙法原同体，冤家知识本不异。"

---

① 原文"说"上糊一字，以意校为"讲"。
② 原文"之"上糊一字，以意校为"番"。

龙女献珠

击竹醒昔时之未悟，此香严也；睹花呈今日之当机，此灵云也。是二老者，得不与龙女同其事业哉！盖龙女所献者，非天王所观之珠，乃世尊所示之珠也。此珠人人本具，个个圆成。非久参旧学之可比，即八岁亦得之也；非四生六道之可择，即畜生亦现前也。要知此个因缘，若斗春之万卉，时节到来，妙理自彰，何更假授记之后而始证耶？即往南方无垢世界成佛者，李长者云："南方为明为正，以上离故。离为明、为日、为虚无，即无垢也。"举众遥见者，明三乘权学，信而未自证故，故言遥见。大法界一真自他相彻，若当自得，焉得称遥见也？应知，龙女不履三乘，而了在一乘之旨；不倚权门，而真达单传之性。《妙法华经》付嘱，有在于此也。古人道，若人生百岁，不会诸佛机，不若生一日，而得决了之。龙女盖如是乎！

药王、妙音、观音三菩萨

药王然身供养日月净明，表空我法二执，故菩萨名喜见，三昧名现一切色身。妙音以伎乐宝钵供养云雷音王，亦表空我法二执，故菩萨名妙音，而三昧亦名现一切色身。观音出供养古观音如来，故菩萨名观音，得身成三十二应。是三菩萨名虽不同，所证三昧无二。要知药王之忍辱，妙音之法空，观音之慈悲，密而言之，通为①一个如来全身也。显而示之，又是一部《妙法华经》也。能持此经者，若忍辱而不得法空，则心量不大；若证法空而不行慈悲，则教化不广。必须入此三种法门，方得流通。何以见为如来之全身？盖忍辱得色身之妙，法空得音声之妙，慈悲得观音之妙，是色身中有妙音，妙音中有能观者也。《易》曰："复，其见天地之心乎。"邵子曰："冬至子之半，天心无改移，一阳初动处，万物未生时。玄酒味方淡，太音声正希。斯言如不信，更请问庖羲。"妙音、观音，须从这里过。

《华严经》

总　说

一部《华严》世界海，惟一毗卢遮那身具之。此毗卢遮那身，惟一释迦妙性具之。此释迦妙性，惟一众生心具之。众生之烦恼无边，故诸佛之法界亦无边。众生之念念无际，故现相之菩萨亦无际。众生之分别无穷，故文殊之观察妙慧亦无穷。众生尘刹之妄想无尽，故普贤应化之行门亦无尽。然是中有因有果，有体有用，全果是因，全因是果，全用是体，全体是用。《入法界品》之善财，乃自性之觉体。文殊、普贤及五十余员善知识，乃性中所得之心法。斯则全因是果，全体是用也。《世主妙严》至

---

①　"通"下佚一字，以意补"为"。

《离世间》，品品中之毗卢遮那，乃如来藏身之觉体。文殊、普贤及信、住、行、向、地之诸菩萨，乃华藏世界之本根。斯则全果是因，全用是体也。故知心性觉圆，则藏身与法界全彰；智行具足，则文殊与普贤共命。所谓"应观法界性，一切惟心造"也。古德有云："若端的一回汗出，便向一茎草上现琼①楼玉殿；若未端的一回汗出，纵有琼②楼玉殿，却被一茎草盖蔽。"吹万曰："蟭螟人蚊眉不觉。为甚不觉？只因太近。"

《世主妙严品》

佛是众生之主，众生是世界之主，世界是太空之主。如之何其然耶？有而不有，无而不无者，体也。不有而有，不无而无者，用也。若是，则世界不离太空而立，则诸佛亦岂外众生而别有哉！要知太空、世界、诸佛、众生，共有所主之者。一声落地，威音之那畔已来；一息成氤，华藏之前境俱布。所以天得之而上，地得之而下，四维得之而为经纬表里，二仪得之而为升降循环，万物得之而为生为杀，鬼神得之而为吉为凶，在佛得之而为天中之天、圣中之圣矣。今之所谓世主妙严者何耶？盖此世界中，天龙八部等，类类皆得此妙而解脱，皆得此妙而庄严。显大威德，示大神变者，此也；入圣降凡，弘音广赞者，亦此也。由世而现，即世间之主也；住世而尊，即世间之尊也。妙严之称，岂徒然哉！文殊问维摩曰："善不善孰为本？"答曰："身为本。"

---

① 原文为"璚"，以意校为"琼"。
② 原文为"璚"，以意校为"琼"。

又问:"身孰为本?"答曰:"欲贪为本。"又问:"欲贪孰为本?"答曰:"虚妄分别为本。"又问:"虚妄分别孰为本?"答曰:"颠倒想为本。"又问:"颠倒想孰为本?"答曰:"无住为本。"又问:"无住孰为本?"答曰:"无住则无本。"且道世间主与无住本是同是别?

《普贤三昧》《世界成就》《华藏世界》

普贤菩萨,乃毗卢遮那之用神。彼佛从无量劫前,修普贤行,故于菩提场中,始成正觉。然始不离终,全终是始,既修普贤之行,而成普贤之德,则种种三昧,种种正受,种种光明,应合普贤知之也。盖理智无边,名之为普;智随根益,称之曰贤。此无边之理,随根之智,在最初毗卢已先得之。乃尔举果劝乐生信,亦不免遮那之齿,传神于普贤之舌,又岂外清净之源,假托于万类之真哉!如云"承佛神力,入于三昧,此三昧名一切诸佛毗卢遮那如来藏身"者,则化母之机,春象之锦,已尽漏泄矣。所以《世界成就品》中,广说诸佛十种之智海、世界之依住、世界之差别形由业、世界之差别体、世界之庄严差别、所修行之方便愿力、世界之劫住不同,由业劫随业而转变净秽,一切世界中,如来出现无差别等法,若决江河,沛然莫之能御,此非万行之长子,孰能于斯善简众法也!或问曰:"普贤才说众生世界成就,复说华藏世界,果且两世界乎?"吹万曰:"众生众生者,即非众生,是名众生。迷去真如成优侗,佛法不是鲜鱼,那怕烂却。悟来佛性是颠顶,又隔一重关。这里会得,何妨华藏与众生不同！如或未然，依旧天堂与地狱相对。古德云：身在海中休觅水，日行岭上莫寻山。莺啼燕语皆相似，莫问前三与后三。"

《毗卢遮那品》

或问："毗卢云'种种'，遮那云'光明遍照'，谓此佛以法身悲智，设种种教行之光，遍照一切，破众生之业暗者也。然而品中唯言过去世界劫，城之严华轮现佛，王臣之供，独不说其遮那之体，为何？如《合论》云：'此一品经来文未足，未有结终之处。'其说果否？"吹万曰："《合论》之言，特究其经文之起结耳。若揆其大旨，则喜见善慧王之太子大威光者，见胜云佛之光明，已以昔所修善根力故，即时证得十种法门，而承事供养此佛灭度已，次复有佛名波罗蜜善眼庄严王，复行供养，即得念佛三昧。庄严王涅槃后，第三如来出现，名最胜功德海，大威光已即王位，随以眷属、人民、七宝而行供养，又得大福德普光明三昧。复有佛出，号名称普闻莲华眼幢，是时大威光已终，神生寂静宝宫天城中，复于彼城来于佛所供养，还归本处而止。自予观之，则佛华之毗卢遮那，即胜音之威光太子也。此就其来文未足之处说，若是于这里会得，则毗卢全身是世界，遮那妙性是光明。以妙性映全身，则遍体无不照矣。以光明耀世界，则种种无不彻矣。故世界名胜音，劫名种种庄严，香水海名清净光明，城名焰光明，道场名宝华遍照，佛名一切功德山须弥胜云，光名起发一切善根音，王名喜见善慧，太子名大威光。此非种种光明遍照而谁耶？即而印之，以世界海城道场为遮那可也，以现佛光明王臣为遮那亦可也。前所云遮那者，遍照也。吾人行、住、坐、卧、视、听、言、动，何常不在遍照？只恐才移净瓶来，又道古佛过去远。"

观察十方

十者，满数也。天一、地二，天三、地四，天五、地六，天七、地八、天九、地十。盖一、三、五、七、九，天之阳数也，阳以生之。二、四、六、八、十，地之阴数也，阴以成之。故云天数五，地数五。又云二五之精，妙合而凝。此数既就，则根、身、世界，由此而立，即百亿须弥、百亿日月、百亿四天下，亦不外此而成也。故经之八部天、龙、夜叉、波罗蜜门及信、住、行、向、定、忍，所有诸佛、菩萨，皆以十数而表之者，亦此义也。所以一念观察十方俱遍，性固有之矣。

《如来名号》《四圣谛》《光明觉》《菩萨问明》《净行》《贤首》六品

《性理》云："天之道，尽之于地矣；地之道，尽之于物矣；天地万物之道，尽之于人矣。"人之所以为人者，非人也，乃所以为人也，故天地万物以之而成形，以之而得名。佛之名号亦复如是。夫①名号之所由来，又不外乎众生也。盖种种无明，种种

---

① 原文为"大"，以意校为"夫"。

烦恼，种种颠倒，种种妄想，乃众生之苦谛、众生之集谛。若在这里拽转头来，即如来之道谛、如来之灭谛。所谓贪瞋运菩提正路、痴爱成解脱真源也。或问："文殊以何因缘，而善能分别一切诸法？才说《名号》《四圣》已，而于《光明品》中复现百亿世界，百亿文殊、百亿贤首等菩萨，百亿不动等智佛，何也？"吹万曰："因该果海，果彻因源，这一光照，正是如来将无量劫前因地修证，尽行披露，欲令众生自信担荷去也。《合论》云：'法界乘中，以根本智为信心。'谓直信自心分别之性是法界性中根本，不动智等佛、金色等世界是自心无染之理，文殊是自心善简择妙慧，觉首、目首等菩萨是随信心中理智现前之义。通云十者，正显圆满无欠之根信也。所以文殊十问，通身是病通身药；觉首主答，遍界全真遍界尘；智首菩萨一百一十问者，为成十信之行，自呈白净无染之智也。文殊说其一百四十净愿之门者，欲令众生便于生死海中，所有见闻觉知，一切诸行，悉皆清净，得入普贤行愿也。盖贤首者，以佛、文殊、普贤之果行而成信者之初首也。然妙慧出三业之源，智理随一心之变，无我无文殊，无我无贤首，遮那岂外乎日用哉！无边刹海之圣众，十世古今之仪范，总归遮那本具之事业耳。第吾人情生智隔，想变体殊，似乎远①之矣。若即情达本，即想会心，夫何远之有！李长者云：'能随缘自在者，即此毗卢遮那也。'旨哉斯言！"

---

① 原文为"达"，以意校为"远"。

有胜三昧名方网等颂

或问:"此方网三昧,菩萨处乎其中,或东入而西出,乃至余方入而余方出,或眼根入而色尘出,乃至意根入而法尘出,或童子入而壮年出,乃至天身入而龙身出,或一毛孔入而一切毛孔出,乃至一微尘中入而一切尘中出,或佛光明入而于河海出,乃至天宫殿中入而于空中出,此果难思难议者,请释其旨。"吹万曰:"方网者,费而隐也,不入而藏,不动而扬也。此个正定,自空劫以来,佛出世时,向落于森罗万象众生世界中久矣。然森罗万象,众生世界,纯是一定体,但吾人日用而不知耳。经云菩萨入定出定者,非入其定而出其定也,乃入亦定而出亦定。所以定之在东而东,在西而西,在方而方,在隅而隅,在天而天,在地而地。若居吾这里,又作么生,即吾之眼能见而耳能闻,鼻能嗅而舌能味,意能知而身能触。一可以散于六,一为无量也。六可以入于一,无量为一也。无入也,无出也,而无不入也,而无不出也。我既如是,则人亦如是。根身如是,则世界亦如是。众生如是,则诸佛亦如是。孔子曰:'天何言哉,四时行焉,百物生焉,天何言哉!'本自不可思议,何必思议乎!所谓'那伽常在定,无有不定时'也,以此。"

尔时,世尊不离一切菩提树下,而上升须弥

或问:"经云,世尊不离一切菩提树下,而上升须弥,向帝

释殿，时天帝释在妙胜殿前，遥见佛来，即以神力庄严此殿，置普光明藏师子之座。既云上升须弥，而犹不离菩提树下，则帝释以何为遥见？又云，何为佛来？则殿置何所而座设何处也？"吹万曰："心、佛、众生，三无差别。《易》曰：'范围天地之化而不过，曲成万物而不遗，通乎昼夜之道而知，故神无方而易无体。'《皇极经世书》曰：'至于人，则得天地之全，寒暑昼夜无不变，雨风露雷无不化，性情形体无不感，走飞草木无不应。目善万物之色，耳善万物之声，鼻善万物之气，口善万物之味。盖天地万物，皆阴阳刚柔之分，人则兼备乎阴阳刚柔，故灵于万物而与天地参矣。'又云：'自天地观万物，则万物为万物。自太极观天地，则天地亦物也。人而尽太极之道，则能范围天地，曲成万物，而造化在我矣。'以是观之，则吾人一身，浑是一个华藏世界。菩提在此，须弥在此，何升何离！若夫身心荡然，光明朗彻，帝心之所以遥见也。真空不二，妙有全彰，天性之所以佛来也。有则不立一尘，无则横遍十方，此妙胜殿也。起坐镇相随，语默同居止，此师子之座也。遮那之身，故如是乎？信者自取，勿生狐疑始得。"

法慧菩萨说十住法

《金刚经》云："能生信心，以此为实，当知是人不于一佛二佛三四五佛而种善根，已于无量千万佛所种诸善根。"盖信此为实者,即真①信自心分别之性,乃根本不动智佛也。由信然后发心之际,与佛齐等,则五位一时兼备矣。纵列十住、十行、十回向、十地、十一地,总不离根本不动智佛,亦不离实信之一时、一念、一法、一行上而有也。如王宝印,一印无差,谓以一心大智之印,印无始三世,总在一时,无边诸法智印,威遍者也。所以十住位中云集之菩萨,则同一慧也;所来之世界,则同一华也;所事之如来,则同一月也。夫住者,立也,不变之义也,谓此性不变随缘,随缘不变,因事得名,以理成位也。经云:"发心、治地、修行、生贵、具足方便、正心、不退。"童真、法王子、灌顶者,此法中之事也,名位也,然历其名而不变者,以其性中本有之法也,故云住。

《十行品》

自觉觉他,觉行圆满,此有功用之行也。于身无所取,于法无所修,于生无所度,于佛无所证,此无功用之行也。孔子曰:"己欲立而立人,己欲达而达人。"此法性固有之理,盖人亦己也,己亦人也。能无己,所以成己;能无人,所以成人。其德若林木之荫覆,因号曰功德林。故十行者,乃无功用行之一行也。菩萨于此,欢喜饶益,则外无违逆,内无屈挠,彼此心无痴乱矣。夫如是,则能现行于一切法中而无所着,故号难得之行也。此难得之行,即至善之法也,真实之行也。思大禅师曰:"三世

---

① 原文为"直",以意校为"真"。

诸佛,是我一口吞尽,有何众生可度?"此真实之行也与!

《十回向品》

万松云:"巍堂磊落,皆大丈夫相。干戈林里,拱身直过;荆棘丛中,摆手便行。脚跟下无五色线,舌头上无十字关,鼻端无泥痕,眼中无金屑,岂不是安乐快活底汉!"只此数转语,若体会得,便可将一茎一念相应草,于镬汤炉炭里医苦恼众生。然众生无苦恼,则道谛不生矣;菩萨绝有情,则悲智不发矣。所以全俗是真,白云影里怪石露;全真是俗,绿水光中枯木青。金刚幢由是而持也,亦由是而回真入俗利生也。故回向者,本无救护,故能救护一切众生;本无坏不坏,故能显发不坏之实信;本无等不等,故能等于一切诸佛;本无至处,故能至于一切处;本无尽不尽,故能成无尽之功德藏;本无平等善根可入,故能入于一切平等善根;本无随顺,故能随顺一切众生;本无真非真,故能显其真如相;本无缚无解,故能成其无着之解脱法界;本无出入,故能入无量之法界。以是之故,故能圆融真俗,起兴大愿,以成悲智而不偏于静乱矣。佛谓阿难曰:"乞食时至,汝当入城,要识七佛仪式。"阿难白佛言:"如何是七佛仪式?"佛云:"托钵去!"吹万曰:"欲知混俗之幢者,当于此荐取。"

《十地品》

或问:"前信、住、行、向,菩萨各说本住法位,说已即释。

此十地菩萨说已不释，必待解脱月等三请，世尊放光，然后释之，此故何也？"吹万曰："地者，实际理谛也。世界未形，而此理已具；根身未相，而此性先端。世出世法，无不在此心地中流出也，故必待诸菩萨各现实信之根而好乐，然后释之，亦必待遮那世尊于眉间放出果光而证盟，然后解之。要知前位菩萨，当位者止于十，而此位菩萨后有三十七者，何也？盖心法至此而极等，功川至此而会融，所以三十七品助道之法，一时现前矣。然此地，非权乘之地有渐次，乃如来一乘之地无渐次也。一可以散为十，而十可以摄于一者也。《楞伽经》云：'于彼演说乘，皆是如来地。十地则为初，初则为八地。第九则为七，七亦复为八，第二为第三，第四为第五，第三为第六，无所有何次？'旨哉言乎！"

十一地：《十定品》至《如来出现》

"刹尘心念可数之，大海中水可饮尽，虚空可量风可系，无能叹尽佛功德。"此古人赞佛之功德无量也。夫佛之功德，皆以智行力，转其一切烦恼贪欲而成，所以世尊放光，令普贤入一切诸佛毗卢遮那如来藏身三昧，而说《华藏世界》者，遮那之因果全现也。文殊承佛神力，而说《名号》《圣谛》，复现百亿文殊世界者，遮那之体用双彰也。若有普贤无文殊，则功行尽成有漏。若有文殊无普贤，则寂定皆属二乘。故智行相融于觉体，乃名为佛也。彻始彻终，俱是智行二法为眼目。试观贤首得文殊之用，而说十信，是可与适道也；法慧得普贤之体，而说十住，是可与立也。此两者，亦何外乎智行哉！信住既坚，智行已实，则功德如林之严秘，故能兴慈运悲，而为十行，是可与权也。然信、住、行三者，已备于性中，是必有诸内而形诸外也。复令金刚幢而说回向法位者，欲人人回真向俗以利生也。布袋和尚曰："他的咱，却原来就是我的你。"真俗自然会融，盖由此也。若夫十地者，又何由而设之？要知此地，非权乘之地有渐次也。此经自十信乃至十一地，总不越根信中一时一行而有，岂于此十地位里，果置渐次之迹耶？纵立欢喜至法云等地，一妙性中一念固有之事也。所以金刚藏菩萨所入三昧，名一切佛国土性体三昧。入此三昧时，一切大众皆自见身在金刚藏菩萨身内，并见种种世界、种种菩提树、种种诸佛、种种师子座庄严之事。《楞严经》云"是诸菩萨，从此已往，修习功毕，功德圆满"者，正此义也。然十一地者，乃觉际入交等觉之菩萨位也。有云，此品在三禅天说，其文未来。予以为似是而非。何也？观夫十定之名如来自说，十定之用令普贤说，盖以佛自说显根本智之体也，普贤说者显差别智之用也，此以觉际入交之模范耳。且此经自《世主妙严品》至十地如来，但只放光，未曾出语，此表初发心人，从实信起，渐进五位修持，只得如来之法光，未得见自本性，面礼真如佛也。至于等觉位，则我之自性与如来之性相接，故于此品，聊露一线也。品中以普眼不见普贤者，谓以眼见而不以耳见也，故必定中一念，然后得之。由定而神通，由通而得忍。夫忍者，如如不动也。《楞严》云："从干慧心，至等觉已，是觉始获金刚心中初干慧地。"故《阿僧祇品》以心王菩萨问而如来亲说，《寿量品》《菩萨住处品》又令心王菩萨说，总谓初发心时，不知心由性生，一向背性缘法。到这里，本无一法可得。摄心归性，则性为妙明，心为妙慧，全心是性，全性是心，依前只是旧时人也。后之方尽妙觉成无上道者，即青莲华藏所说佛不思议法是矣。夫何以谓之青莲华藏也？谓心之妙慧曰华，华之周遍无穷曰藏，有是无穷之华藏，始显佛法之不思议也，得非妙觉者乎！又普贤复说十身相海，如来自说随好光明，普贤又说普贤行。此三品之义，明示如来十身由普贤功德而成，有是身，故现随好之光明，故种种光明遍照者终不越普贤之行也。然行由智力，文殊亦在其中矣。以是观之，此非住持圆觉也欤哉？亦非具足圆觉也欤哉？或曰，既已具足圆觉而住持圆觉，则文殊普贤互相问答，其《出现品》者，又何义也？吹万曰："此一品经，单显如来从始至终之广大行愿，广大妙慧。"《周易》云："震为长男，艮为少男。"谓帝出乎震也。艮也者，乃万物成始而成终者也，故此经以普贤为长子，文殊为少男，正见遮那之佛德，以普贤为行愿，文殊为妙慧也。所以如来常以光明灌文殊之顶、普贤之口。是遮那之身，皆借之于功行妙慧，而文殊、普贤又自遮那之性而起也。品中文殊又号如来性起妙德菩萨，何丕显哉！出现之说，尽于是已。经云"破尘取经"，喻正见一切处遮那、一切处文殊普贤也。此经付佛真子者，正见大心凡夫，可以担荷处也。噫！如上所云，特予之管窥，以顺文立义耳。若在衲子分上又不然。赵州云，有时拈一茎草作丈六金身，有时将丈六金身却作一茎草用。建立在我，扫荡亦在我，我说法即诸佛说法，诸佛说法即我说法。说即有若干，不说即无若干。我为法王，于法自在。吹万曰："纵你遮那有无量之功德，文殊有无边之妙慧，普贤有广大之行愿,不免云门、南泉、文喜三个老汉,打的打,赶的赶,拂的拂,一时摈出。何以故?只谓这里容你闲佛、闲菩萨不得。咦,要得种种光明遍照,除是有杀佛杀祖的手段,便有担荷分。"

《离世间品》

《法华经》云:"是法住法位,世间相常住。"今云,离世间者,果能有出现之人而必离于世间耶?古德云,尽大地是尘劳门,把手拽不出。又云,尽大地是解脱门,把手拽不入。复又云,若知尘劳即解脱,何必拽出拽入!要知离于世间者,正如春雨及时,农者披蓑顶笠,讴歌以耨之;行者滑石滥泥,颠沛以蹈之。冬雪严寒,乘兴者泛舟鼓枻,优游以适之;冻馁者含霜忍冽,惨切以当之。是皆同一界也,同①一时也,而其境各有所不同也。离世间不离世间,当于此一决。

《入法界品》

或问曰:"前云离世间,而此云入法界,不知所入之法界者,是遮那之法界耶?释迦之法界耶?文殊之法界耶?善财之法界耶?"答:"《华严》四十品经,以入法界为宗,余则为伴。盖善财乃一念性起之心,此心才动,故号童子。文殊者,大智也。智有三,谓世间智、出世间智、出世间上上智。品中之释迦牟②尼

---

① 原文缺"同"字,今以意补。
② 原文为"摩",以意校为"牟"。

者，乃毗卢遮那之化身，本觉明妙也。华藏之毗卢遮那者，乃释迦牟①尼之法身，性觉妙明也。遮那而释迦者，即无极而太极也。夫如是，则知遮那之全身为释迦之法界，释迦之全身为文殊之法界，文殊之全身又为善财童子之法界也。所以释迦易遮那而往祇②园，依空而现有也。文殊辞释迦而到人间，从定而发慧也。善财礼文殊为始参之知识者，最初净信之智也。第法界中之五十三员圣者，乃普贤之行门。隐而修之，为善财之心法；显而证之，为五位之法位。俱在南方，何也？《易》以离居南，离中虚，又为心，故必虚其心而参之，得成心法也。然而心法五位，总不离众生根本烦恼相应心所。故执心虚明，纯是智慧，名干慧地者，即始参之文殊也。十信位中善财童子至妙峰山，参德云比丘，见彼比丘从别山来，即从真妙圆重发真妙之信心住也。又参胜热婆罗门，令善财登其刀山，入其火聚，而得清凉，即入其烦恼，转其逆境，而证菩提，乃安住无为，得无遗失之戒心住也。十住位中自在主童子者，所修书数算印等法，即得悟入一切工巧神通智慧门，可见诗书六艺亦有成佛之种子，此即心中发明如净琉璃之治地住也。无厌足王谓善财曰："我为调伏彼众生故，化作恶人，造诸罪业，受种种苦，令其一切作恶众生，见是事已，心生惶怖，心生厌离。"此又是愚痴中有般若，淫怒中有梵行，即身心合成，日益增长之不退住也。十行中之婆施罗③舡师者，住海岸上，而有百千商人围绕，此表能住生死海者，即知法海中

---

① 原文为"摩"，以意校为"牟"。
② 原文为"祇"，以意校为"祇"。
③ 原文失舡师之名，今据经文补之。

之诸宝也，故号善能利益一切众生之饶益行。至于十回向之知识，皆是女身，通号夜神，谓此位乃回真入俗，利生之位，以女身者，坤为地、为女，能以慈悲长养一切也，又能归藏众类也。十地位中摩耶夫人，能为三世诸佛一切菩萨之母，又云无量诸佛将成佛时，皆于斋中，放大光明来照我身，及我所住宫殿屋宅，彼最后生，悉为母，此即于大菩提，善得通达，觉通如来，尽佛境界之欢喜地也。德生童子，有德童女，谓一智一悲，圆满之理也。且此地修习毕功，功德圆满，慈荫妙云覆涅槃海，所以告善财曰："我已证得幻住解脱门，见一切世界，皆幻住因缘所生故，乃至一切菩萨众会，变化调伏诸所施为，皆幻住愿智，幻所成故也。"及到毗卢遮那庄严藏大楼阁前，一心愿见弥勒菩萨，乃见弥勒从别处来，叹其功德，现其神力，示其解脱门，复摄神力，入楼阁中，弹指作声，告善财言起，法性如是，此是菩萨知诸法智，因缘聚集所现之相。尔时善财即得菩萨三昧，住不可思议自在解脱。又问弥勒曰："此庄严事何处去耶？"弥勒答言："于来处去。"曰："从何处来？"曰："从菩萨智慧神力中来，依菩萨智慧神力而住，无有去处，亦无住处，非集非常，远离一切。"盖善财参至楼阁，而弥勒从别处来，正是等觉，十一地中所谓如来逆流，如是菩萨顺行，而至此楼阁，即最初尸多林中大庄严楼阁也。善财所以顺至，弥勒所以逆流，故云觉际入交也。弥勒复指再参文殊，而善财经游一百一十城，到普门国，谓五十五位去来往返，则是一百一十也。文殊遥伸右手，过一百一十由旬，至普门城，摩善财顶，示教诲已，还摄不现，谓离其初智，过是五十五位而还，故有如是之由旬也。所谓从干慧心，至等觉已，是觉始获金刚心中初干慧地。正如古德云:"我当初未曾出家时,但见山是山,水是水。出家后,遍参知识,有个趣入处,见山不是山,见水不是水。到于今,休息之际,山还是山,水还是水也。"然而文殊劝令入普贤之行,正是劝登妙觉之果海也。所以善财参至如来前众会之中,得见普贤身,于一一毛孔,出微尘数世界,微尘数诸佛,复入普贤毛孔刹中,行一步过不可说不可说佛刹微尘数世界,尽未来劫不能知一毛孔中事者,正见不思议之解脱门也,故云如是重重单复十二,方尽妙觉,成无上道。夫何以谓之普贤也?夫修行人,念念是道,息息是真,举动则万境皆如,放下则全真独露。永嘉云:"行亦禅,坐亦禅,语默动静体安然。纵遇风刀常坦坦,假饶毒药也闲闲。"能如是,则无贤不普,无普不贤也。玄沙云:"尽十方世界是沙门一双眼,尽十方世界在沙门眼里。"诸人若透得沙门眼,便可入得普贤身,知得毛孔事。吹万曰:"善财为甚么于毛孔中行过不可说世界,而不能知一毛孔中事?噫,只为太亲切。"

《入不思议解脱境界普贤行愿品》

古德云:"觉得心放,便是工夫。不怕念起,惟恐觉迟。觉速止速,二妙相宜。知非改过,瞿颜可师。"只此数语,即懒安之牧牛,妙喜之拽转,正受之认得五阴主人也。盖吾人之烦恼业识无量无边,从劫至劫,有不可说不可说者。若在这里认得的,识得破,便可于一毛孔中现佛刹微尘数世界,一念念中放佛刹微尘数妙光,礼敬在此,称赞在此,供养在此,忏悔在此,随喜在此，转法在此，佛住在此，佛学在此，恒顺在此，回向在此也。或曰："遮那不惜身命，而为布施，剥皮为纸，析骨为笔，刺血为墨，书写经典，既已剥皮析骨矣，而能书写者，复是谁耶？"曰：吾人只为有我，故此经不现。今既剥析而布施其身，则吾我空①矣。到这里全身是经，遍地是偈，一长天于秋水，齐孤鹜于落霞，从劫至劫，手不失经，从昼至夜，无不书时也。吹万曰："一部微尘世界华，少男长子关如麻。谁识三七日中说，却在寻常百姓家。既是却在寻常百姓家，何不朝朝书写夜夜捧诵？噫，总为浮云能蔽日，长安不见使人愁。"

---

① 原文"我空"二字漫漶，以意补之。

吹万跋

予夙世未主聚落，鲜矣恼害众生，故兹生得个和尚封皮，而少病苦，不作戒贤之梦，莫感三大士之垂训耳。蹉跎林下，座中谁在支那来？徙倚堂前，门外未看阇黎笑。只得将古人口头公案，拈为自己臆地婆心，总令人人脱落繁柯，直取旃檀也已。或谓曰："怛问五千卷，伯阳五千言，尚不免布袋呵且叹也。仲尼删诗定礼，而叔山无趾犹以为诶诡幻怪之名闻，岂以萋萋菲菲之说，而欲宠乎山龙华虫之目耶？"吹万曰："若非可以语道也。彼狗子无佛性一语，紫阳氏得之，而有'个中无人荐'之题。且刍荛之言，圣人择焉，子又安知予笔底之真如，舌上之楼阁也与？劝请诸仁，勿视之以目，而观之以耳，始得与三世诸佛把手共行去。"

慧泽跋

经云:"一切辩才,光色清净,犹如虚空。"是刻之谓也,得非恒伽私陀波潇笔尖、信度缚刍流弘纸上者乎?复谛观所说,要皆随顺世间缘起,方便众生,应得润洽调伏,只恐藿粥蔬羹,胡麻馎饦,彼贪醝者、苦恕者不测自然茶饭,乃去此入彼,唉而席嗜,啜而蛀蠧矣!倘有息意忘缘,得饮食之正者,能知甘茹与是刻结为知己,润洽调伏,自尔驯诣,尚何性溺命沉,而贪醝苦恕之与有?方且如抱卵守鳞,莫知其然而然也,未可谅己诸耳目肯倾注否?慎勿负斯辩才,失己指南也①。

门人慧泽撰。

---

① 原文"也"后有"可"字,当为衍字,今据意删。

附编一

释教三字经

(据苏州西园戒幢律寺藏经楼所藏清同治九年刻本录文)

自　序

　　儒有《三字经》，为童子学，盖欲童龄诵习，逮其壮而开悟，则帝王纪纲、人伦之序，不可得而忘也。我教自释迦如来降生人间，以致逾城证道，立教敷宗，历历可据者亦可例而述之，宁不为沙弥便学耶？元夕前四日，援笔搜成一帙，题曰《三字经》，愿将来吾辈口头哩哩啰啰耳。倘亦壮而开悟，其为人之初，性本善，有不同也乎？

　　蜀东吹万老人谨序。

释教三字经

聚云吹万老人　著

空劫前，混沌内，有一物，先天地。
在人身，名性体，能为佛，能为祖。
故我佛，姓瞿昙，诞维卫，周昭年。
为太子，游四门，怕老死，皈依僧。
十九岁，逾城出，住雪山，六年足。
睹明星，悟道了，圆陀陀，光皎皎。
苦行满，出山来，乞七家，檀度开。
华严转，三七思，二乘人，哪得知！
屈为小，丈六身，鹿野苑，说小乘。
阿含经，十二年，父母族，始相传。
般若会，二十二，教菩萨，二乘昧。
方等部，八年运，贬瞎驴，跨神骏。
法华会，论八年，记弟子，号金仙。
一昼夜，《涅槃经》，青莲华，指上存。
老头陀，始迦叶，破颜笑，得正法。
付衣钵，寿八十，双林树，吉祥逝。
当支那，周穆王，史记中，忌日详。
一千年，汉明帝，梦金人，合周记。
声教来，蔡愔去，十八人，向西际。
月氏国，白马驮，如来像，与竺摩。

到震旦，五岳兴，论胡汉，秦焚经。
上元日，筑三台，道藏焚，佛不坏。
寺院起，有僧尼，佛法尊，明帝时。
老迦叶，为初祖，接佛脉，开宗谱。
次阿难，续迦叶，为二祖，相传接。
十四祖，号龙树，《中观论》，垂远示。
二十七，祖多罗，如是经，授达摩。
二十八，达摩止，为初祖，东土起。
梁武时，阐宗风，直指性，接人通。
帝不会，便摘芦，过北魏，熊耳居。
坐九年，只面壁，神光僧，始变骨。
雪齐腰，乞甘露，曰轻慢，断臂足。
更慧可，始安心，付《楞伽》，四卷经。
名得髓，天下传，为二祖，岂偶然。
僧璨来，本白衣，忏罪竟，死复苏，
依佛法，号三祖。有道信，慕空宗，
求解脱，嗣祖风。遇小儿，周氏母，
问何姓，答性空，便契之，即承宗。
讳宏忍，位第五，住黄梅，接六祖。
祖初时，为樵客，听《金刚》，无住得。
称行者，执负舂，四句偈，便不同。
三鼓夜，暗授法，到菩提，始落发。
接门人，四十三，首怀让，与青源。
只传法，衣钵定，信者多，免争竞。

怀让下，一神马，名道一，踏天下。
青源下，一祥麟，号石头，众中尊。
道一下，八十三，曰百丈，曰沩山，
曰天皇，四派全。百丈禅，黄檗代，
继临济，为一派。丈再禅，沩山代，
继仰山，又一派。天皇禅，龙潭代，
继德山，雪峰萧，到云门，成一派。
峰再禅，玄沙代，继地藏，法眼派。
自余者，各敷扬，门虽多，一户藏。
石头禅，药山代，继云岩，洞山价，
继曹洞，宏五位。自七佛，至六祖，
三十三，留偈古。让源后，谥禅师，
载传灯，天下知。或行棒，或行喝，
或扬眉，或瞬目。观音门，音声阐；
文殊门，借物显；普贤门，身动静；
三元门，三要并。真道脉，立禅宗，
妄作者，似其同，谓律宗，谓莲宗，
天台宗，贤首宗，此五者，本不同。
律宗者，始优波，传戒本，昙阿那。
晋安帝，陀耶舍，十诵律，来中夏。
魏聪师，秉传之，至宣律，便广知。
初束身，后摄心，名三聚，实大乘。
晚学辈，不明惺，执者持，违其本。
莲宗者，始东林，慧远公，十八人。

种白莲，验心行，百三十，一土净。
后学者，心不明，徒口诵，弗追寻。
念佛诀，如母子，子忆母，母忆子，
两忆同，只相视，入其间，见道谛。
法相宗，自慈氏，及天亲，相论议。
纪戒贤，宏西土，玄奘往，始得述。
取回京，授窥基，众学宗，为论师。
显唯识，分性相，果因转，同圆鉴。
瑜伽论，唯识论，八识颂，原二印。
天台教，名性宗，自慧文，观论通。
尊龙树，遥瞻礼，受三观，顶初祖。
传思大，禅智者，续章安，皆祖也。
贤首宗，本义学，或翻译，或讲说。
古之人，心口应，定时说，说时定。
今之人，不相应，将锭锡，认作银。
此五宗，皆属教，十二部，具其奥。
有文句，名说通，离文句，名宗通。
宗一通，说亦通，只这是，将兼同。
瑜伽教，专利幽，勒金刚，始传流。
金刚智，来我东，传六祖，号不同。
三藏传，慧朗师，至于今，偏习仪。
古之人，心地固，化火池，为甘露。
今之人，心地左，以焰口，为奇货。
梁皇忏，因武帝，未登基，为刺史，

有夫人，姓郗氏。造业多，落蟒类，
为太子，始现形，命宝志，演其文。
礼忏毕，见峨冠，来称谢，得生天。
后行者，主不敬，僧贪利，多不应。
慈悲忏，因晁错，剥七王，地为祸。
汉景帝，驾亲征，袁盎曰，起错臣，
损一人，救万姓，斩晁错，七王听。
袁盎死，转高僧，戒十世，不能侵。
至唐代，号悟达，享懿宗，德乃薄，
人面疮，即晁错。痛不忍，寻迦诺，
蜀彭山，松树下，掬水浇，冤始罢。
以此故，演其文，号三昧，令人钦。
为僧者，当守戒，戒生定，定生慧。
受饥寒，莫生退，证菩提，多尊贵。
如慧闻，守清素，虽讲席，利不顾。
有贐遗，钱一万，未终日，俱尽散，
尔沙弥，当欣羡。自洁者，如道琳，
恶生染，远女人。眼不见，耳不闻，
尔沙弥，当自遵。尊师者，如道安，
自形陋，师不然。尝驱役，入田舍，
勤就劳，无怨色。数年后，始读经，
一万言，日毕精，尔沙弥，当可钦。
孝亲者，如道丕，父从征，兵中死。
母令丕，寻父骨，持经咒，始跳出。

非至诚，安感速，尔沙弥，当警述。
忠君者，如明瞻，劝太宗，行慈善。
六斋日，断屠杀，行征所，建梵刹，
尔沙弥，当自达。有比丘，爱慈物，
鹅吞珠，主人出。能救鹅，自被挞，
血淋淋，无怨嗟，尔沙弥，当效法。
高尚者，如道悟，人主逼，为辅助。
屡辞允，始获免，复垂语，为自勉。
益我货，损我神，生我名，杀我身。
入山去，泯其声，尔沙弥，可自珍。
自重者，如普愿，混于樵，不显见。
身蓑笠，自饭牛，不下山，三十秋，
尔沙弥，可细求。艰苦者，昙无竭，
至葱岭，冬积雪。遭龙毒，雨砂砾，
悬岩上，无安足。遇恶象，遇狮子，
遭大鹏，遭虎兕。舍卫回，赍经尔，
尔沙弥，当志此。感应者，如道生，
论阐提，《涅槃经》。有佛性，人不听，
师子座，誓为证。虎丘山，石点头，
如所说，麈尾游，尔沙弥，当志修。
经所成，不可忽，宜玩味，宜细读。
能见性，能证佛，勉之哉，吾愿足。

吹万禅师行状

（据台北新文丰出版公司于1987年影印出版《嘉兴大藏经》第29册《吹万禅师语录》末所附《行状》点校）

蜀东忠州三目山聚云吹万师翁，讳广真，僰道宜宾人，姓李氏。父祖三世为婆罗门，父无后，祷于三世如来而生。

及诞日，偶有优婆塞八人临其舍，一人指语父曰："此八宝应真出兴于世也。"母遂厌荤膻，从兹食素。三年离乳，每见家庭左右婴儿①，便大哭终日。唯曰看羊去，乃止啼。至年十五，在芸局边，与同学读书，偶见菊蕊芬芳，便②为叹曰："此花今岁凋零，明春发生如旧，尝闻生死事大，迅速无常，墨花烟藻，讵免生死乎！"竟绝学，陟少峨峰，参浩山老人，问曰："生死事大，如何了得？"山曰："鹭鸶卧雪。"参三日，复问曰："狐狸外躁，木鸡自安时如何？"山曰："切莫动着。"翁曰："向上更有事否？"山曰："俟汝出家来，与汝了却。"维时不会此语，耽着个出家字样，复自思曰："父母在庭，何由脱得？"仍返里中，偶得《大慧祖师录》四册，昼夜不释卷，单以"生从何处来，死向何处去"语，时时提撕。又得《正法眼藏》一录，苦参力究。凡与意路合者便会意，路不合，如虎之踞于当途，无进步处，乃于家设棐几军持，立誓于像曰："某参究此事，志愿饶益考妣，解脱己身，以及人天，若不了悟，定不出家。"朝暮顶礼四十八愿，

---

① 原文"儿"字漫漶，以意补之。
② 原文为"借"，以意校为"便"。

礼毕,仍旧提撕前语。后遇一僧见访,问曰:"如何是佛?"翁拟开口。僧曰:"不是,不是。"经数期对话,复云"不是"。翁被这①一札,把父母、眷属、田园、家业,冷如冰炭。至午,值僧磨刀次,急问如何是佛。僧云:"我今日磨剃刀,且待明日来。"翁于言下有省。后入朱提,参月明老和尚,才礼拜起,明问:"如何是古佛心?"翁即拱手云:"请师尊重。"又问:"不用音声与色身,将何唤作本来人?"翁良久,明休去。复闻祖母病笃,乃归说法,以助卓越,未几而逝,服中每以佛法,进为五鼎。

服阕二年,胞弟二人长成,始谋出家。先一月,有氁衣道者谓里人曰:"此处不久当有至人出世。"翁果于万历四十一年癸丑七月初一日,逾城入山,礼月明和尚受具。一日,明谓曰:"汝犹有一句未会。"翁即问:"是那一句?"明曰:"不用音声色身,默然良久,与我现出真空来。"翁拂袖而出,自思曰:"此事不可草草,是中必有玄要。"遂辞,之佛子骞山。是山多鬼魅,翁至,寂然无闻。郡人尝曰:"佛子山有道兽焉,见之者鲜。"翁树庵于兹,而兽恒伏于庵之右。翁与说三皈之法,乃逃于深林,复不见矣。一日忽见井路蒙茸交道,意欲剪之,次期届井,而左右皆刈。如此种种异征,未可繁述。汲水伐薪,自炊自力,苦参三载,经行危坐,胁不至席。限满,复入朱提,参觐月明和尚。一见便问曰:"毕竟如何现出?"明引翁手,掩其口,豁然大悟。乃曰:"纵然奇特,终是寻常。"明遂出临济正宗付之。逮娱戏佛华

---

① 原文为"者",以意校为"这"。

三昧，《入法界品》眦目仙人执善财手，一须臾间，历过佛刹微尘数世界，参见微尘诸佛，法法不昧，至事事无碍法界，始解圆悟示张无尽用处。从此五宗，如临济玄要、主宾料拣，曹洞五位王子、三渗漏、三堕，仰山圆相，云门高古，法眼简明句，岩头识句，香岩独脚，南泉异类，汾阳十智，浮山九带，德山末后等句。迥出微妙，信长风之游于太虚；顿脱无宗，若千日之洞于广漠。

时本郡翠屏寺迎翁主藏，随机方便，接得四人，一法师，一头陀，一优婆塞，一优婆夷。唯头陀隐山，三人化去。仍返里中，为母说法，劝发道心，竟策杖风尘，一衲一瓢，孤云白下，涉海入吴，过闽踵粤，旋楚，至潇湘。湖东一带烟霞，无非摇尘析理，墨浪笔花，偶或见之，何异神鼎忽慈明，兜率貌清素！有湖东主人霜轮者，乃憨山首座，道声甚著，见翁伟仪越格，磊落尘表，乃曰："禅风久坠，我两人大家出只手扶起。"翁但微笑，时当万历四十六年戊午春也。就于是月望日，请翁开法，堂中学人二百有余，皆诗赋经论之客，忽一日上堂，因僧问"颜子喟然"一节，翁述以软铁硬绵之偈。霜轮于座下高声曰："老和尚这①话何来！奈我蒲团上乏工夫耳。"学人闻言，遂有异志，翁恐主道有妨，以慈悲喻慰，竟托他故辞之，独携武陵灼然泽公，烟棹三峡。过夔门，太平寺寺主玄密预梦池中忽涌白莲大花二茎，香飞檐宇，艳丽可人，逮午而翁至矣。密默默惊异，愿为法属。竟溯水忠南，邂②逅近侍御田公无无居士，挽留建刹，延翁

---

① 原文为"者"，以意校为"这"。
② 原文无"邂"，以意补之。

居焉。

是时海内学者，驰于经论，争传贤首，谈及斯事，何异张咸池于洞庭！翁悯学者难入幽微，首著《石室禅议》以晓之。次见士大夫每于三教至理，溷而不一，偏而未圆，鲜能贯彻一心，洞达无体，诋讪互兴，遂著《一贯别传》，原《易》说《太极图》，皆发挥三氏，傍抉诸子。古之帝王，咸有卫佛之兴，翁叹曰："国朝之初，宁无修教之说欤！"乃集大明御制，勒为三卷，进以识意，题曰《显佛集》。至于说《乐正论》以规学解之偏，说《九辩》以刺时流之舛，说《内篇》以洞玄微之妙，说《规矩》以正僧仪之失，说《三字经》以修童稚之训，说《古音王传》以敕炼石之乖，复著《文字禅那》五卷、《楞严梦释》二十卷、《言语纪》一卷、《恣夏草》一卷、《心经诠注》一卷、《禅林雅训》一卷、《正观录》二卷、《问答录》四卷、《居士颂》一卷、《本行录》二卷、《维摩诊脉》三卷、《圆觉解》一卷、《楞伽三昧》一卷、《金刚点眼》一卷、《宗门正眼》一卷、《正录》二十卷。诸书既出，荐绅士夫靡不领之。

崇祯初，侍御长公素庵居士挺身卫法，复启升堂入室，正令全提，由是四方学侣，辐辏如云，因颜其院，曰"聚云"，挹是义也。翁之诲人，必以彻证彻悟，行解相应者而后可。居常语曰："诸方来者的的，会得五家宗旨，方许相见。未然，只宜虚心求示，断不可务一橛之机，偏行之门，石火电光，举了便会，草草忽忽，作这①般去。"又复性嗜山水，潇洒绝尘，龙崖之左，

---

① 原文为"者"，以意校为"这"。

叠岭而下，松桧交加，即疏松岭也。岭间之石如龟文，每当松风晚落，蟾辉泻影，翁尝挥麈于中，名曰"洛书"。傍有小涧，雨久则瀑布作声，罗以卷石三座，因呼为"小小蓬莱"。恒以古之十二龙宾，面山石而阅焉，乃著《蓬莱》《雨花》二集。厥后四辈敦启，有白马之游，鼓枻金陵。墨仙闻翁至，特访于客舍，坐间话及岩头末后之语，谈说不倦，仍具三衣顶礼，乃曰："蜀中护法，愿为半壁。"当轴首辅钱公、太史雪滩陈公闻之，并欲勉瞿金陵发药，师以三巴佛法初弘，未克溥济，竟辞所请，因著《南游纪》一卷、《船子曲》一卷。是时铄金之徒，多务驰逐，竞浮场社，故有《金陵小参》。由是返棹锦江，荐绅士庶请建千日禅期。维时会中，得法悟彻者，不啻数十人，皆闻于时，庆忠则翁分席上首，第一座也，其余不可称计。临江参戎尹宠居士，捐金白粲，延翁住巴台。巴台在郡之西，近城一拘卢舍。法席既敞，道俗往来如织，众至五千余指。夔之万州向文学，讳近蟾，邑之季伦也，闻翁法演巴国，乃披剃着缁。复请住云来，继而徙兴龙，复返聚云，参学之士如见所亲，盖翁智德高远，感召乎人耳。

天启间，有古戎陈子，青衿在泮，雅好紫姑，虔祷数年，感琼华仙人，徘徊于篆籀中，匪独岷山、玉垒，即三吴、楚、越之王侯、士夫，争与之游。陈子归蜀，侍御田公邀于苏庄。遣使迎翁，翁至，琼仙卷首大书曰："山谷前身。"询之，则曰："师乃宋太史黄山谷后身也。"赠其三绝，其一曰："山容此日有山灵，我来访客草青青。前身黄谷今犹在，一座明灯一卷经。"其二曰："竹深云坞树茵苔，我得登临山色开。一笑过溪亲座处，囊收天地古今怀。"其三曰:"君栖幽地任徐徐,满座深藏万卷书。秘著三车开世路,千秋遗业古今图。"坐中有叹其异者,翁曰:"公等不闻寒、拾、丰干乎?是皆不唧嚼底老古锥,将这①些子为药为病,即缚即脱,化去应来,总令堪忍中族姓子,知烦恼矿内,有无边华藏也,我何与哉!"闻者莫不钦服。

翁寿五十有八,僧腊三十,相好具足,和气春温,仁慈廓落,草木不伤,乃至遗尸腐骨,咸恤悯焉。偶示疾,是月山神夜泣,树木摧折,病中歌唱自娱,提持学倡如旧。三月前谓侍僧曰:"我临终须大喝而去。"于崇祯十二年己卯秋七月三十日,乃索笔书遗语及辞世偈云:"朝打三千,暮打八百,要会聚云,眉毛出血。"掷笔危坐,至午,果大喝两声脱去。阇维,烟至松罴,结为五彩,荷香遍地。起骨,得黄金锁子三茎,五色舍利三百余颗,当门二齿化为紫色,入土者无数。鄢陵地藏院迎十二颗建塔,余皆塔。

西蜀嗣法孙至善沐手和南谨撰。

---

① 原文为"者",以意校为"这"。

附编二

吹万广真与《一贯别传》

晚明时期巴蜀地区的高僧吹万广真著有《一贯别传》一书，该书对儒家的《易经》《大学》《中庸》《论语》《孟子》，道家的《老子》《庄子》《文始经》，佛教的《金刚经》《维摩经》《法华经》《华严经》等经典，按照明心见性的原则，进行了禅学化的解读，将这些儒、道、佛三教的基本经典纳入了中国禅宗的语境之中。

据至善所撰《吹万禅师行状》云，吹万广真（1582~1639），俗家为宜宾李氏，少好参禅，十五岁时曾登少峨峰参浩山老禅师，问以了脱生死之方，返里后刻苦钻研《大慧宗杲语录》《正法眼藏》等禅宗著作，时时参究"生从何处来，死向何处去"的话头，并受到游方禅僧及本郡月明老和尚启发，为祖母服丧两年之后，见两位胞弟已长大成人，遂于万历四十一年（1613）癸丑七月初一日，礼本郡月明老和尚出家并受具足戒，月明老和尚教其参究"不用音声与色身，将何唤作本来人"。广真拂袖而出，独自于佛子山结茅苦参，三年后下山咨禀，月明老和尚拉起广真之手，还掩广真之口。广真于是乎豁然大悟道："纵然奇特，终是寻常。"月明老和尚付之以临济正宗,记其为大慧宗杲下十四世裔孙。广真对《华严经》非常感兴趣,特别是读到毗目仙人执善财手一须臾间历过佛刹微尘数世界时,对事事无碍法界之义获得了真切的体验,由此得以深入五宗堂奥,透悟诸祖公案。本郡翠屏寺请其为知藏师,广真随宜说法,授徒四人。他返回故里,为母说法之后,云游于吴闽粤等地,于万历四十六年(1618)戊午春,曾说法于潇湘湖东禅院,未几溯江而上,住持蜀渝忠州聚云寺,道望雅著,法席甚盛,于崇祯十二年(1639)己卯秋七月三十日入灭,世寿五十八岁,僧腊三十。广真著作等身,有《一贯别传》《文字禅那》《楞严梦释》《正录》等。①

在吹万广真看来,儒、道、佛教虽分三,但站在"教外别传"的禅宗立场上,却能"一以贯之",其间差别,"特教化若狙公赋芧耳"②。他认为儒家宗旨始于"盘古氏由一炁而继天地,曰人",其后伏羲氏画八卦,烈山氏著《连山》,轩辕氏作《归藏》,尧示厥中,舜析精一,以及禹洛、汤铭、文易、箕畴,"一贯传心,守约标于曾子;浩然养气,尽性倡自子思",乃至各种佛教经典的译入,无不是从这一炁源头畅达而来。③ 我们此处就以儒家的《易经》和四书、道家的《老子》和《庄子》,以及佛教的《华严经》为例,来具体考察一下吹万广真是如何对儒、道、佛三教经典进行禅学化解读的。

---

① 至善:《吹万禅师行状》,本书第140~145页。
② 吹万广真:《一贯别传·自序》,本书《自序》第1页。
③ 吹万广真:《一贯别传》卷一,本书第1页。

吹万广真对儒家经典的禅学解读

在《一贯别传》中,吹万广真对《易经》及《大学》《中庸》《论语》《孟子》等儒家经典展开了禅学化的解读。这些经典不但集中体现了当时儒家最主要的思想义理,而且是当时科举考试的主要内容,因此为广大士大夫们所熟知。

一、《易经》别传

《易经》被尊为儒家五经之首,其学分为象数与义理二类。吹万广真对《易经》的禅学解读,既涉及象数,又涉及义理。

吹万广真对《易经》象数的理解,主要体现在他对伏羲八卦与伏羲六十四卦形成的推原上。广真认为,伏羲氏仰观俯察,"初画一爻以象太极,其数为奇,即天开于子也。再画一爻以象地,其数为偶,即地辟于丑也。三画一爻以象人,即人生于寅也"①。此之三画,成一乾卦,"兼三才而两之,三才即天、地、人,两者即三才中之两也,即阴阳、柔刚、仁义也。阴阳、柔刚、仁义,其位有六,故重三画而成六爻,断三画而成坤"②。也就是说,坤卦是作为乾卦的对立面出现的。乾坤象征着天地父母,二者阴阳变化、刚柔错综,"夫错者,阴阳交互也;综者,

---

① 吹万广真:《一贯别传》卷一,本书第 2 页。
② 吹万广真:《一贯别传》卷一,本书第 2 页。

阴阳颠倒也"①，遂形成了震、巽、坎、离、艮、兑，与乾、坤共同形成八卦，"八卦相错，数往者顺，知来者逆，然后万物所以生也"②。儒家以此解释世界上万事万物形成的复杂过程。"八卦之上各有八卦也"③，就形成六十四卦。在吹万广真看来，"吾之性情形体、目耳口鼻，天之所变也；飞走草木、色声气味，地之所化也。虽曰一阴一阳之谓道，继之者善也，成之者性也，要其逆而复之，则吾分中自有不变不化者存，故曰原始反终，故知死生之说"④。古人参禅学道，就是要复归本性，认取自家的"本来面目"，也就是在生灭变幻的无常之中，寻出自己性分中的那个"不变不化者"来。吹万广真之推原伏羲八卦及伏羲六十四卦的形成，并无多少奇特之处，至此则展示了他追寻"父母未生前"的禅者本色。

吹万广真对《易经》义理的禅学解读主要体现在他对若干语句的诠释上。

其一，"乾道变化，各正性命，保合太和，乃利贞"。这句话出自乾卦的彖辞。吹万广真认为，乾道之体就是"廓彻圆通""灵明虚湛""本自无动无静"的"冲虚之气"，但由于其内具强健的动力，故而有动有静：静极而动，表现为生死的流转，形成情识、六根及声色；动极复静，表现为生死的还灭，证得自性、智慧、神通和寂定。由于此"冲虚之气"的千变万化，于是形成

---

① 吹万广真：《一贯别传》卷一，本书第2页。
② 吹万广真：《一贯别传》卷一，本书第3页。
③ 吹万广真：《一贯别传》卷一，本书第4页。
④ 吹万广真：《一贯别传》卷一，本书第5页。

了"物有清浊,人有智愚"的现实,但"愚可以智,浊可以清",关键就在于要"保合太和"。广真将"元亨"视为"天之通",即与世界一切现象通达无碍;将"利贞"视为"天之复",即可以回归自家的本性。因此,他认为,"乃利贞"就意味着"物物皆可保和而复虚,人人悉能尽性以至命矣",这与《楞伽经》所说"如来之藏是善不善因,能遍兴造一切趣生,譬如伎儿,变现诸趣,离我我所"的含义正相吻合。① 乾卦彖辞中的这句话激励着儒家学者在纷繁复杂的世界中保持自身品格,吹万广真利用佛教生死流转与还灭的理论对其加以解释,无形中就将其纳入了佛教的修行的体系。

其二,"复,其见天地之心乎"。这句话出自复卦的彖辞。复卦的上一卦为剥卦,剥、复二卦相连,意味着剥极而复。吹万广真对此以参禅会之,他说:"参禅之人如剥芭蕉,剥一层又一层,剥一层又一层,剥至无下手处,始得打成一片。盖剥落既尽,才复见其天心。"② 剥蕉之喻,始自世尊,世人不悟缘起性空之实相,执万物以为实有,佛乃以剥蕉喻之,谓层层剥去,剥至最终,空无所有,蕉亦不存。参禅之人,亦应迥脱根尘,剥落情识,如剥蕉然,体悟诸法空相。广真指出,此非教人如死灰槁木,而是"要见如如之中有了了,明明之中有晓晓,至静之中有至动者存焉。所以先王以至日闭关,商旅不行,后不省方者,谓安静以养微阳耳"③。冬至日停止一切不必要的活动,就是希望以

---

① 吹万广真:《一贯别传》卷一,本书第5页。
② 吹万广真:《一贯别传》卷一,本书第6页。
③ 吹万广真:《一贯别传》卷一,本书第6页。

安静的方式来养护那点刚刚复归还比较微弱的阳气。但广真的这种解说也带来一个问题：阳去而阴来，阴去而阳来，乃是一种自然现象，又何必要"静以养之""剥以复之"呢？广真认为，至妙之道虽非有无动静，然亦不离有无动静，"盖静以养之，剥以复之者，正齐生死为一状，会万物为一府也。观音大士云：'生灭既灭，寂灭现前。忽然超越，世出世间。十方圆明，获二殊胜：一者上合十方诸佛本妙觉心，与佛如来同一慈力；二者下合十方一切六道众生，与诸众生同一悲仰。'此其见天地之心乎"①。也就是说，只有通过"静以养之""剥以复之"，才能泯除差别，超越生死，获得上同诸佛慈力、下同众生悲仰的殊胜。广真是一位禅师，他要复归的，不是自然的阴阳循环，而是对阴阳循环的超越，这充分体现了佛教解脱生死轮回的价值取向。

其三，"艮其背，不获其身；行其庭，不见其人"。这句话出自艮卦的卦辞。吹万广真以佛教之止义释之，他认为，人们如果执着于所止，那么觉性就会受到牵绊而无法开悟；如果立意生心去止，那么其妙明之性就会陷于断灭。因此他主张泯除能与所的差异，超越背与心的对立，如此便能够可止而止，可行而行，获得行与止的自在。他指出，《易经·说卦》以艮为山，取其不动之义，而人的背部也是不动的，《易经》的作者是借助于大山、背部这些不动的物象，来比喻我们的"圆湛之止体"。在他看来，此"圆湛之止体"并不局限于在一事、一理、一法、一行上的随顺不动，而是在一切事、一切理、一切法、一切行上都能够随顺

---

① 吹万广真：《一贯别传》卷一，本书第6页。

不动,"若是,则以万象为一身,故吾在身而不知有己也;则以法界为一庭,故吾在庭而不知有人也"①。如此才能超越止与非止的差异,达到无所不止的境界。广真此释,具有将禅宗于相而离相、不执着于一切境的思想贯彻到生活方方面面的意味。

其四,"故神无方易无体"。这句话出自《易经·系辞上》,韩康伯注云:"方、体者,皆系于形器者也。神则阴阳不测,易则唯变所适,不可以一方、一体明。"② 孔颖达正义云:"神则寂然虚无,阴阳深远,不可求难,是无一方可明也;易则随物改变,应变而往,无一体可定也。"③ 其本意显然是说变化唯变所适、阴阳不测的,吹万广真以佛性的永恒性和普遍性释之,将"神无方易无体"视为临济义玄禅师所说的"圆陀陀,光灼灼,赤洒洒,净裸裸,视之不见其形,听之不闻其声"的"无位真人",由于"谓其大兮,范围天地之化而不过;谓其小兮,细入微尘之密而不彰。其语默也,翠竹黄花;其步趋也,行云流水",是以有"神无方易无体"之说。广真认为,谓其无方、无体,只是说"不可以方所测之""不可以定体执之"而已;④ 原其本意,不过是说这一"无位真人",实即佛性的代名词,"无一时不现,无一处不遍"⑤。广真的解读,充满了随处可以明心见性的禅学色彩。

---

① 吹万广真:《一贯别传》卷一,本书第7页。
② 王弼、韩康伯注,孔颖达正义:《周易正义》,北京:中国致公出版社,2009年,第259页。
③ 王弼、韩康伯注,孔颖达正义:《周易正义》,北京:中国致公出版社,2009年,第260页。
④ 吹万广真:《一贯别传》卷一,本书第8页。
⑤ 吹万广真:《一贯别传》卷一,本书第8页。

其五,"百姓日用而不知,故君子之道鲜矣"。这句话出自《易经·系辞上》。吹万广真指出,佛性妙明,无所不在,无时不显,他颇怀感喟地说:"吾人昼夜中视听言动、行住坐卧,无不是此妙明显现,奈何在这目前,诸人难睹。"① 他认为,孔子所谓"何莫由斯道"之语,及"参前倚衡"之说,与颜渊"仰之弥高,钻之弥坚"之叹,孟子"终身由之而不知其道"之论,就是儒家圣贤对"百姓日用而不知"的"妙明"之性的诠释。实际上,古德早将"百姓日用而不知"用作了参禅的话头,他举例说:"昔韦参军与僧对坐,盘中置有李,因问:'如何是百姓日用而不知?'僧曰:'请吃果子。'食已复问。僧曰:'此即百姓日用而不知也。'韦方省。诸人若在这里检点出来,始信天上天下唯我独尊。咦!"② 广真此释,将儒家的伦常之道纳入了佛性妙明之中。

吹万广真在《一贯别传》中仅阐释了《易经》中的这几句话,但可例诸其余。广真在将禅学思维置入《易经》诠释的同时,也将《易经》纳入了他的禅学体系之中,成为他参禅的话头。

二、《学》《庸》别传

程朱将《大学》视为"初学入德之门"③,将《中庸》视为"孔门传授心法"④,二书在宋明理学中的重要性由此可见一斑。

---

① 吹万广真:《一贯别传》卷一,本书第8页。
② 吹万广真:《一贯别传》卷一,本书第8页。
③ 朱熹:《四书章句集注·大学章句》,北京:中华书局,1983年,第3页。
④ 朱熹:《四书章句集注·中庸章句》,北京:中华书局,1983年,第17页。

吹万广真对《大学》的"大学之道"章及《中庸》的"天命""君子素其位""鬼神之为德""至诚""致曲""予怀明德"等章节进行了禅学化的解读，其中对"大学之道""天命""君子素其位"章的诠释尤其精彩。

《大学》云："大学之道，在明明德，在亲民，在止于至善。知止而后有定，定而后能静，静而后能安，安而后能虑，虑而后能得。"吹万广真将此章中的一些关键词语与佛教禅学的名相进行互释。"明德"就是佛教所谓的"性觉妙明"，"明明德"即自觉。一切众生皆具"明德"，故无论其民善之与否，均可导之以明德之理，此为"亲民"，亦即佛教所说的"觉他"。以明德之理导民同游于非善非不善之地，乃所谓"至善"，此即佛教"自觉、觉他、觉行圆满"之义。"止于至善"的"止"，是"不生不灭"。"知止而后有定"的"止"，是"纯一无杂，具足清白梵行之相"的"清净法身"，禅宗谓之"自性之戒"。从戒生定，"定"就是"寂然不动，具足无量妙义"的"圆满报身"，即"根本之智"。① "定而后能静，静而后能安"，无论是"静"还是"安"，都不过是修行者在禅定中的感受而已。"安而后能虑"，就是由定发慧，"感而遂通，具足恒沙妙用"。"虑而后能得"，就是运用"千百亿化身"，去成就"六度万行之德行"。广真认为，所谓大学之道，就是以"知止"为因，而以"能得"为果："以是而修德行道，故曰君子，曰圣人；以是而利生出世，故曰菩萨，曰世尊；以是而复礼，故曰致知；以是而克己，故曰格物。……

---

① 吹万广真：《一贯别传》卷一，本书第9页。

乃至诚意、正心、齐家、治国、平天下，莫不以此戒、定、慧法而为体为用也。"① 经此诠释，广真将《大学》的三纲领与八条目全部纳入了佛教的戒、定、慧三学之中。

《中庸》首章向被理学家视为"一篇之体要"②，历来号称难解，吹万广真用《楞伽经》三种意生身对《中庸》的"性""道""教"加以疏释。佛教将菩萨进入十地之后，为了度化众生，可以如意受生的各种身，称为"意生身"，《楞伽经》指出，修行者至第三、第四、第五地，由于享受种种三昧之乐，故而自心寂静，安住心海，浪识不起，妄想不生，知自心所现的各种境界均无自性，名"三昧乐正受意生身"；修行者至第八地，观察觉了如幻等法，悉无所有，身心转变，得如幻三昧及余三昧门，无量相力自在，明如妙华庄严，迅疾如意，随入一切佛刹大众，名"觉法自性性意生身"；觉一切佛法，缘自得乐相，名"种类俱生无行作意生身"。③ 在广真看来，《易经》所明先天之理就是天命，此天命之在人，故谓之性，即"三昧乐正受意生身"；日用语默动静，无不是对此"不睹不闻"的寂然本性所起照用的随顺，故谓之道，即"觉法自性性意生身"；虽然"不睹不闻"，但却能"范围天地，曲成万物，通乎昼夜"，故谓之教，即"种类俱生无行作意生身"。广真认为，三者本是乾元一气，圣人字之曰道，人人本具，不可须臾离，故大修行人之行住坐卧、应事接物，皆是此本性中立不倚，和而不流，戒慎乎其所不睹，恐惧乎

---

① 吹万广真：《一贯别传》卷一，本书第9页。
② 朱熹：《四书章句集注·中庸章句》，北京：中华书局，1983年，第18页。
③ 求那跋陀罗译：《楞伽阿跋多罗宝经》卷三，《大正藏》第16册，第497页下。

其所不闻,这就是人的至隐至微之本体。此体虽然"至隐至微",佛教有所谓"坐微尘里转大法轮","一毛端现宝王刹",故而"莫见乎隐","莫显乎微",因此必须慎独,做到"内不着空,恒如如而了了,中也;外不着相,尝晓晓而明明,和也"。广真指出,"果能致此中和之妙,自觉乾坤之交而为泰,非乾坤泰也,吾心之天地位也;品物之出而最灵,非品物灵也,吾心之万物育也"①。广真此释,无异于给儒家的慎独和佛教"内不着空,外不着相"的禅定画上了等号。

《中庸》云:"君子素其位而行,不愿乎其外:素富贵行乎富贵,素贫贱行乎贫贱,素夷狄行乎夷狄,素患难行乎患难。君子无入而不自得焉。"吹万广真认为,过去心不可得,未来心不可得,现在心不可得,过去已灭,未来未至,现在不住,由此现在之心不住,故于一切处随缘而不变,此即儒家"不愿乎其外""无入而不自得"之意。在他看来,维摩诘居士可以说就是一位这样的君子。他说:"《净名》云:'示行悭贪,而舍内外所有,不惜身命。'似行富贵之道也。'示入贫穷,而有宝手,功德无尽。'似行贫贱之道也。'示入于魔,而顺佛智慧,不随他教。'似行夷狄之道也。'示入老病,而永断病根,超越死畏。'似行患难之道也。……此真无入而不自得之君子。"② 维摩诘居士本来就是士大夫们非常欣赏的佛教人物,广真将维摩诘之行视为中庸之道,无疑是为其穿上了儒家的褒衣博带,直接将其纳入了儒家士大夫的行列。

---

① 吹万广真:《一贯别传》卷一,本书第10页。
② 吹万广真:《一贯别传》卷一,本书第11页。

在吹万广真看来，《中庸》称赞鬼神之盛德，谓其"视之而弗见，听之而弗闻，体物而不可遗"，唯《华严经》所云"勇健臂夜叉王得普入一切诸法义解脱门，无碍胜力主空神得普入一切无所着福德解脱门"①足以当之。《中庸》所谓"至诚"，"此即释氏圆顿之法门，直下见性者也"②。其所谓"致曲"，就是禅宗的明心见性，他解释说："心之初动为念，曲者，念头起处也。能知此念而非之，则灵光披露，本来面目，恬然妙有，生辉遍用，真常自在，此复其诚矣。"③《中庸》所谓"予怀明德，不大声以色"，其意即为"若以色见我，以音声求我，是人行邪道，不能见如来"，古德以此阐明声色之不可以化民之理，有余涅槃如炉中灰，此即"德辅如毛，毛犹有伦"，无余涅槃，如炉中灰飞尽，即是"上天之载，无声无臭，至矣"。广真指出，"第吾人日用视听言动，莫不是此无声无臭的所作为"④。就是说，此无声无臭之物实即真如佛性之异名。

吹万广真以佛教禅宗的义理诠释儒家的《大学》和《中庸》，一方面使《大学》和《中庸》成为宣讲佛教禅宗义理的经典，另一方面使佛教的戒、定、慧三学及禅宗的明心见性、随缘不变等义理成为儒家的大学之道、中庸之德。我们说，广真的这种学术努力在模糊儒佛界限的同时，也使两家的义理空间都得到了扩展和延伸。

---

① 吹万广真：《一贯别传》卷一，本书第12页。
② 吹万广真：《一贯别传》卷一，本书第12页。
③ 吹万广真：《一贯别传》卷一，本书第12页。
④ 吹万广真：《一贯别传》卷一，本书第13页。

三、《论语》别传

在各种儒家经典之中，吹万广真最为喜好的，还是《论语》，故而在《一贯别传》之中，他疏释的《论语》章句有二十二条之多。依据禅学的话语特征，我们可以将这二十二条粗分为三大类，即阐明孔夫子之为至圣的明心见性之语、孔夫子教诲诸弟子的抽钉拔楔之论以及诸弟子契入夫子一贯之道的悟理契证之言。

吹万广真以孔子为明心见性者。《论语》中的许多语录，实为孔子内心境界的外现。孔子自谓"六十而耳顺，七十而从心所欲，不逾矩"。广真指出，声音是自性的体现，如不能返闻自性，就会执着于声响；《庄子》载孔子"无听之以耳听之以心，无听之以心而听之以气"之言，就表明孔子"同观音大士所证之圆通，三十二应、十四无畏即从心所欲之道理也。古德云：'翠竹黄花非外境，白云明月露全身。头头尽是吾家物，信手拈来不是尘。'此便是不逾矩的说话。"① 孔子云："君子无终食之间违仁，造次必于是，颠沛必于是。"在广真看来，此仁就是佛性，他说："眠则同眠，起则同起，行则同行，语则同语。纵然一夜风吹去，只在芦花浅水边。自是不能违我者，谁能违之耶？古德云：'行亦禅，坐亦禅，语默动静体安然。纵遇风刀常坦坦，假饶毒药也闲闲。'此便是'必于是'的光景。"② 孔子云："君子之于天下也，无适也，无莫也，义之与比。"广真认为，这正是孔子随缘

---

① 吹万广真：《一贯别传》卷一，本书第14页。
② 吹万广真：《一贯别传》卷一，本书第14页。

任运的体现:"若恋静洁处,静洁惹人困。若恋欢闹处,欢闹惹人狂。如水之就器,随方圆短长。此真应无所住之心也。君子得此而行之,但见干戈林里横身,色丝岂绊于跟下;荆棘丛中摆手,十字无关于口边。便可竿木随身,逢场作戏去也。"① 蔬食饮水,孔子乐在其中,而视不义而富且贵如浮云。广真比之于世尊遇马麦之难,表明孔子已达"物我忘机、心境一志"之境界,他不无感慨地说:"如来吉祥而逝之,仲尼曲肱而枕之,何寝止同归乎右胁!布袋和尚云:'弥勒真弥勒,分身千百亿。时时度时人,时人自不识。'"② 这无异于向人们宣告孔子就是佛的化身。广真此释,等于为儒家的至圣先师戴上了佛菩萨的光环。

吹万广真以孔子为善于教化者。孔子曾告诫弟子们说:"君子不器。"这在广真看来,实是孔子教诲弟子们的破执之论,他说:"心随万境转,转处实能幽。随流认得性,无喜亦无忧。君子得此,则不局于其用,便证现一切色身三昧也!且道如何是现一切色身三昧?吹万曰:'三十辐共一毂,当其无,有车之用。'"③ 但证我法二空,便可竿木,随身逢场作戏,此种境界自然是禅者特有的洒脱。孔子对子贡和曾子分别说过"吾道一以贯之"的话,子贡唯是一诺而已,曾子更以"夫子之道,忠恕而已矣"发挥之。广真以禅宗的"拈花微笑"拟之:灵山法会,世尊拈花,迦叶破颜微笑。佛说:"吾有正法眼藏、涅槃妙心,及僧伽黎衣、四天王所献之钵,今付于汝。"一日,阿难问迦叶:"世

---

① 吹万广真:《一贯别传》卷一,本书第15页。
② 吹万广真:《一贯别传》卷一,本书第18页。
③ 吹万广真:《一贯别传》卷一,本书第14页。

尊传衣钵外，还付个甚么？"迦叶回答说："倒却门前刹竿着。"广真并论二事曰："盖拈花即一贯之举，微笑即唯应之纳，忠恕刹竿，又演一番公案矣。吹万曰：'文殊无说，维摩默然，二大士是一是二？'"① 以禅宗自述的源头比拟一以贯之，无疑是将此视为儒家的宗旨。孔子曾以肺腑之言对弟子们说："二三子以我为隐乎？吾无隐乎尔。吾无行而不与二三子者，是丘也。"广真指出，昔黄山谷（庭坚）居士往参晦堂祖心，乞指径捷处，晦堂就以孔子此语告之，山谷不解。一日二人山行，时岩桂盛放，晦堂曰："闻木樨花香么？""吾无隐乎尔。"山谷释然。广真评论说："岂独圣人无隐于弟子，即花木亦无隐于山谷也；不惟晦堂能转于法轮，即花木亦可以传心也。只因当面热瞒，各自昧却者多，纵令然诺暂相许，终是悠悠行路心，那得休歇去。"② 禅师们的机锋禅语，原来也有资取于孔子教诲弟子之处。

在吹万广真看来，孔门弟子亦有能契入夫子一贯之道者。颜回在陋巷，一箪食，一瓢饮，人不堪其忧，回也不改其乐，孔子亟称其贤。广真说："手探月窟，足蹑天根。闲中今古，静里乾坤。回既得之矣，时为弱丧之穷儿，明受车中之宝；时为迷家之醉客，暗藏衣下之珠。活活泼泼，任运随缘也。且问如何是不改之乐？吹万曰：'哑子吃黄连，这苦向谁说。'"③ 在广真看来，颜回既得契入孔子一贯之道，如穷儿受宝，似醉客得珠，故而能活泼自然，随缘任运，其快乐是无法形诸语言的。颜回对乃师亦

---

① 吹万广真：《一贯别传》卷一，本书第 15~16 页。
② 吹万广真：《一贯别传》卷一，本书第 19 页。
③ 吹万广真：《一贯别传》卷一，本书第 17 页。

有喟然之叹:"仰之弥高,钻之弥坚,瞻之在前,忽焉在后。夫子循循然善诱人,博我以文,约我以礼,欲罢不能,既竭吾才,如有所立卓尔。虽欲从之,末由也已。"广真认为,颜回的这一番感喟,就像《法华经》中佛所放出的"遍照东方万八千界,上至有顶,下至铁围"的"无量义光"一样,"一切声闻二乘莫能测度"其玄妙,因此,"必须渐次,徐徐善诱。初以文字语言而示其说通,继以实际理谛而指其宗通,始知此理赋之于未形之先,生之于既形之后,起坐相随,语默同居,罢之不可得也。参究至此,则内外根境、心意识相尽情扫荡,若竭吾才矣,久久似有一物隐隐呈露。讶,原来就是这个东西!若有形也,视之而弗见;若有声也,听之而弗闻;若可随也,从之无其后;若可迎也,接之无其前。《庄子》所谓离形去智同于大通者也"[①]。广真的疏释与参禅毫无二致,而且他对此章极为欣赏,将其标为"小法华",这在视《法华经》为"经王"的中国佛教界可以说是最高赞誉了。

《论语》平实,在日常生活中充分展现了儒家圣贤的境界;相较而言,禅学玄奥,如何在当下现实之中领悟和体现禅心,就成为禅和子的追求。吹万广真对《论语》的禅学解读,一方面使这部儒家经典带上了禅学玄奥的色彩,另一方面也凸现了玄奥禅学的生活意蕴。

四、《孟子》别传

吹万广真的《一贯别传》中关于《孟子》的禅学解读共有五

[①] 吹万广真:《一贯别传》卷一,本书第21页。

条。我们知道,《孟子》一书中具有非常丰富的心性论资源,而且其"以心著性"的思想特征极其类似于禅宗"明心见性"的顿悟论,所以广真对《孟子》的禅学解读也就很自然地将重点放在了心性论上。

公孙丑问:"敢问夫子恶乎长?"孟子回答说:"我知言,我善养吾浩然之气。"并讲出一大套养气与知言的道理来。吹万广真指出,佛门中亦不乏善于知言和养气的高僧大德。唐宰相裴休看到了高僧的真仪(画像),就对黄檗希运禅师说:"真仪可观,高僧何在?"黄檗大喊一声:"裴休!"裴休应诺。黄檗问:"在甚么处?"裴休当下知旨,如获髻珠,满怀感激地对黄檗说:"吾师真善知识也,示人克的若是,何故汩没于此乎!"广真以此认定裴休"可谓知言者"。圭峰宗密禅师曾说:"元亨利贞,乾之德也,始于一气;常乐我净,佛之德也,本乎一心。专一气而致柔,修一心而成道。"广真以此认定宗密"可谓善养吾浩然之气者"。他认为,有太虚然后有气化,有气化然后有知觉,知觉即心,太虚之气即浩然之气,知外无气,气外无知。所谓"知言",并不是知其说些什么,而是要知其为什么这样说,其所以这样说,是由于其所内具的"浩然之气"。孟子虽以如何养浩然之气为"难言",但毕竟还是给出了说明,吹万广真认为:"古德云'一念万年去,一条白练去,寒灰枯木去。'就是这个道理。"① 他解释说:"第天地万物,皆由此气而化,本自刚大,本自充塞,非实有所知而能知,非实有所养而能养。知无能知故云知,养无

---

① 吹万广真:《一贯别传》卷一,本书第24页。

能养故云养，始得不害而充塞也。然此充塞之妙，不离寻常日用。行之于义则配义，故义可充塞；行之于道则配道，故道可充塞。无是浩然之气，则孰为义？孰为道？"① 也就是说，在广真看来，儒家的知言养气与佛教的机锋酬对、参禅悟道简直是异曲而同工。

孟子道性善，每以乍见孺子匍匐将入于井而皆有怵惕恻隐之心为证。吹万广真认为，此乍见孺子，就如"如来睹星，阿难见相，灵云观花，道圆过涧"一样，是诸人入道成圣的机缘。他解释说："观彼气淑风温，化母之灵英必露；江清宿朗，孤轮之素影先辉。若谷语传声而不待安排，似形来照镜而无容拟意。正恁么时，本来面目已披露矣，何更骑牛觅牛耶？"② 人们乍见孺子入井，不因纳交邀誉而自然生起的怵惕恻隐之心，正是本具善性的流露，禅宗谓之"本来面目"。儒家修身养性，就是充养自己本所具有的善性，禅客参禅悟道，就是要回复自家的"本来面目"。"性善"与"本来面目"的一致性，可以帮助我们理解佛教在儒家语境中实现自身中国化的奥秘之所在。

孟子虽生乱世，但以圣贤自期，故引颜渊之言以明志："舜何人也，予何人也，有为者亦若是。"吹万广真对此极为赞赏，比之于百丈怀海的幼有成佛之志，许其为"大乘根器""大心凡夫"。那么，转凡成圣的关键何在呢？据大珠慧海说，凡夫若欲证涅槃，必须不造生死业，"求大涅槃是生死业，舍闹取静是生死业，有证有得是生死业，不脱对治门是生死业"。广真据此认

---

① 吹万广真：《一贯别传》卷一，本书第24~25页。
② 吹万广真：《一贯别传》卷一，本书第25页。

定,"佛生圣凡皆着落不得,百丈颜渊不免于此杜舌"①。言下之意谓,幼年欲成佛道的百丈怀海也好,自期于舜之境界的颜渊也罢,都是有所追求的,因此不免造作,仍在生死之中;若真达圣人境界,便会圣也不为,更无论于凡了。这无异于表明禅宗得道的境界远在儒家圣贤之上。

孟子善道尧舜之事,曾谓舜之弟象"日以杀舜为事"。吹万广真认为,象之害舜,与提婆之害佛一样,而舜为天子而封象,也与佛为释尊而授记提婆无别,他由此得出"圣人之心所同然,皆等冤亲为一致"②的结论。也就是说,儒家尊仰的圣人,也可以达到佛教所说的"冤(怨)亲平等"的境界。

孟子的人生态度是"夭寿不贰,修身以俟之,所以立命也"。吹万广真举一公案:昔有僧问老宿云:"生死到来时如何?"宿云:"茶来吃茶,饭来吃饭。"广真认为,老宿之言"可为修身立命之鼻祖"③。孟子是佛教传入之前的人,这自然不是说老宿之言影响到孟子,而是说老宿之言较之孟子的话更为平易究竟和彻底。

吹万广真对儒家经典的禅学解读既展示出将禅宗义理融入儒家经典的致思倾向,又体现了在儒家语境中寻求佛教经典真义的价值诉求。除儒家经典之外,广真还以禅学的方式解读了道家道教以及佛教的诸多经典。在他看来,儒、道、佛三教的"一贯"之处,就在于心性上。《吹万禅师塔铭》谓广真为大慧宗杲第十

---

① 吹万广真:《一贯别传》卷一,本书第26页。
② 吹万广真:《一贯别传》卷一,本书第26页。
③ 吹万广真:《一贯别传》卷一,本书第26页。

四世法孙,① 从重视佛法与世法的融合无间上来讲,他确实继承和发扬了大慧宗杲的禅风。

---

① 田华国:《吹万禅师塔铭》,《嘉兴大藏经》第29册,台北:新文丰出版公司,1987年,第553页中。

吹万广真对《老子》的禅学解读

吹万广真通过对《老子》（原文作《道德经》）的禅学解读，将这部道家经典纳入了自己儒、道、佛三教之道一以贯之的思想体系之中。他对《老子》的禅学解读重点包括两个方面的内容，一者为他对玄宗，即道家思想的总看法；二者为他对《老子》二十句摘语的具体诠释。而从他对《老子》摘语的具体诠释中，我们可以体会到他的总的诠释特征，就是将老子之道解读为禅宗的佛性，将老子的无为解读为禅宗的无执。

一、道家思想总论

老子既是道家学派的创始人，又是后世道教最为尊崇的玄圣、教主，因此吹万广真对玄宗，即道家思想的总体看法，就是通过品评老子思想的方式表达出来的。

吹万广真认为，老子学说自有其独到的高度。广真指出，老子的著作非常微妙，对于一般人来说，非常难以理解，这是由于老子思想，"所独到处甚高，故其言始不与世合。夫天地人物，始初果有乎？诚无之也。探造化之根源，发玄微之妙旨，致虚守静，自有而无，乃可长生久视耳。至若雌雄白黑刚柔取与，乃其所明御世之术，恬淡无为之妙也，讵未深于道者所能测识"①。其

---

① 吹万广真：《一贯别传》卷二，本书第27页。

言下之意是，老子学说探讨了天地的根源，描述了造化的精微，揭示了长生久视的奥秘，阐释了待人处事的巧妙，这些都远不是普通大众所能理解和接受的。孔子曾问礼于老子，深知其造诣深湛，故而有"犹龙"之叹；尹喜看到老子气象非凡，劝其著书立说，于是便有了《老子》的流传，成为道家学说的开端。广真意识到，老子学说的核心就是无为，与佛教所说的真空在表述上虽然有所不同，但在实质上还是非常一致的。作为佛教禅僧，广真能够如此评价老子，显示出他具有一种同情理解异质文化的胸襟和气度。

吹万广真认为，后世的方士歪曲了老子精义。广真指出："彼方士者流，多以房术炉火为金丹，踵息炼气为上乘，按摩运转为功用，复以六十四卦而配为升降，年、月、日、时而攒火候。其中安立铅汞龙虎、婴儿姹女、丁公黄婆、玉炉金鼎、黄芽白雪、素练青衣、十月九转之轨则，而谓之玄妙者，是皆背清净无为之本、性觉妙明之真，讹传讹受而流浪生死也。"① 这些方士们，虽然自称是老子学说的传承者，但是其所作所为，却违背了老子注重人生本来清净无为的教导，更不符合佛教对灵妙自觉之真性的阐发，即便是最终获得了成功，最多也就是成为修行而成的仙人，很难返归自己本所具有的圆满觉性，因此被诗僧寒山子叱为"守尸鬼"、被玄沙师备禅师叱作"魂不散的死人"。道教尊老子为教主，但后世道教中的修炼之士，即广真所说的方士，修炼的各种法术却并非老子所传。广真此论彰显了道教与道家在思

---

① 吹万广真：《一贯别传》卷二，本书第28页。

想观念上的重大差异,将道教的法术排斥在老子道家的正统传承之外,在无形中撤除了道教与佛教相抗衡的理论基础。

吹万广真非常强调玄宗与佛教之间的一致性。老子弟子文始真人尹喜曾说过:"能见精神而久生,能忘精神而超生。"广真对此语评论说:"忘精神者,到虚极静笃处,精自然化气,气自然化神,神自然还虚,此举上而该下也,了性而自了命者也。见精神者,虚静以为体,火符以为用,炼精化气,炼气化神,炼神还虚,此自下而做向上者,了命而性因以存也。……盖见精神者,即吾教天台之《童蒙止观》也;忘精神者,即吾教天台之《大乘止观》也。由是而得之,谓之金是也;由是而证之,谓之长生也。又安知金丹乃圆觉之别号,长生为无生之异名哉!"① 天台智者大师的《童蒙止观》是佛教通过修习禅定体悟无生的入门著作,《大乘止观》也就是《摩诃止观》,则是佛教通过止观并运、定慧双修最后获证圆满觉悟的集大成性的禅修著作。广真将道家的"见精神"比作《童蒙止观》,将"忘精神"比作《摩诃止观》,不但阐明了"见精神"与"忘精神"在道家修炼中具有入门和极致的内涵,而且还在道家的金丹、长生与佛教的圆觉、无生之间找到了相通之处,为两种异质思想体系之间的相互交流开辟了通道,或者说搭建了桥梁。

总的来说,在吹万广真看来,以老子为代表的道家玄宗,其所主张的性命双修,与佛教倡导的定慧双修一样,不仅可以入门,而且可以至极,与佛教一样也是一种贯彻始终的思想学说。

---

① 吹万广真:《一贯别传》卷二,本书第28~29页。

广真对道家的这一评价是非常高的,很好地揭示了道家与佛教在相互颉颃中并行两千余年的内在因素。

二、道即是佛性义

"道"是老庄道家思想的最高范畴,而"佛性"则是中国禅宗的核心概念。从吹万广真对老子之"道"的相关诠释中,我们可以清楚地感受到,在这位著名禅师的心目中,老子所说的"道"就是禅宗所要极力发明的"佛性"。

吹万广真在解读"道可道"一章时,表面看说的是"道",实则为"佛性"。真正的道和名是超脱语言表达的。《金刚经》云:"一合相者,即是不可说。"广真认为这就是对真常之道的完美展现。拾得之所以名拾得,乃是由于他当初是丰干禅师拾得的弃儿,有人问他:"毕竟从来唤作甚么?"拾得于是提帚而立。广真认为这就是对真常之名的生动表达。这个真常之道可以说是无和有、虚与实、静与动的完美结合:说其无、虚、静,是说此真常之道虽然确实存在,但却不是任何具体之物,故而称之为"徼";说其有、实、动,是说此真常之道虽然没有任何具体的表征,但却又是真实的有灵动之性的存在,故而称之为"妙"。这个"无处即有,有处即无,不有而有,不无而无"的真常之道,这个"动中有静,静中有动,虚中有实,实中有虚"的真常之道,不但"为天地之始,万物之母","贯四时而不改,恒随缘而不迁",而且"森罗万象,依之而立。百昌众甫,关之而成。四大六根，由之以生。三身四智，摄之而得"，故而被称为"众妙之门"。① 很显然，广真此处竭力描绘的老子道家这个不可言说的真常之道，就是禅宗所要努力展现的那个不可言说的佛性、西来意或本来面目。

吹万广真在解读"吾不知其谁之子，象帝之先"时，更是充满了禅意。广真先是拈出一则禅宗公案，说有位禅师正在石上坐，堂头和尚过来问："汝在此作甚么？"禅师回答说："一物不为。"堂头和尚说："恁么则闲坐也。"不想这位禅师却回了他一句："闲坐则有为矣。"禅师言下之意，明明告诉你什么都不做，你却说在闲坐，难道闲坐不是一种做吗？堂头和尚被他这么一说，反而有些迷惑了，于是就问："汝道不为，不为个甚么？"禅师回答说："千圣亦不识。"其意思是，无论任何人都无法用语言文字对此进行表达或述说。广真引偈赞颂此则公案云："从来共住不知名，任运相将只么行。自古上圣犹不识，造次凡流岂可明。"并且提示人们："诸人若于这里明得，便可和光同尘，湛然而若存矣。谁之子，帝之先，不离当处。"② 老子本意是说"道"具有根源性和超语言性的特征，广真将其诠释成了"说是一物即不中"、当下就可以显现的真如佛性，此处无论是对"拈古"（拈出古德公案）和"颂古"（赋偈赞颂古德的造诣）的运用，还是对"道"的理解，都具有非常典型的中国禅宗特色。

吹万广真在解读"谷神不死"时，直接将"谷神"解释为"圆觉"。老子以"空谷"譬喻道，以彰显其空灵的特性。广真认

---

① 吹万广真：《一贯别传》卷二，本书第29页。
② 吹万广真：《一贯别传》卷二，本书第30页。

为,此"谷神"就是佛教经典所说"随缘不变,不变随缘"的真如佛性,凡是道所具有的一切特性,此真如佛性也都具备,"从来活泼泼底,不是死物,但视之不见,听之不闻,搏之不得,捉之无形,无而有,有而无,玄之又玄者也。《圆觉经》云:'无上法王有大陀罗尼门,名为圆觉,流出一切清净真如、菩提涅槃及波罗蜜。'故玄牝之门即造化之牝母也,谓之天地之根,吾人得之而处中乃可"①。广真此释,一方面使真如佛性具备了万物根源的意味,另一方面也使老子之道获得了主体自觉的品格。

老子本来是用"上善若水"来形容道的,但在吹万广真看来,"上善若水"则是对佛性及其特性的描述。"佛性如流水,自处万物之下,斯一下矣,随所方而方,随所圆而圆,随所长而长,随所短而短,纯是一个随顺觉性,所以性空真水,性水真空,本如来藏,妙真如性。"②广真将佛性,或者称为性空、本如来藏、妙真如性,视为万物之下的流水,可以随顺万物的具体形状做出相应的显现。就佛性的确实存在而言,可称之为"性空真水";就佛性没有固定的形状和性质而言,则可称之为"性水真空"。道与佛性又一次实现了内涵与意义的相互重叠。

此外,吹万广真以云门大师"乾坤之内,宇宙之间,中有一宝,秘在形山"解释"有物混成",以"性觉妙明,本觉明妙"解释"道生一"等,都具有以佛性释道、将道与佛性相等同的思想倾向。这种解释不但是运用佛教思想解读了道家的文本,而且运用道家文本表达了佛教思想。由于佛性、道分别是佛道两家的

----

① 吹万广真:《一贯别传》卷二,本书第31页。
② 吹万广真:《一贯别传》卷二,本书第32页。

最高范畴，故而最终形成了佛道两家在终极意义上的视界融合。

三、无为即是无执

道家主张无为，佛教强调无执。吹万广真在诠释老子无为的概念时，经常将其解读为佛教的无执。

吹万广真将"天下皆知"解读为人们的执着，主张以佛教的无执破除之。从佛教的立场上来讲，外境都是内心因缘显现的产物，其本身无所谓美丑，如果内心对外境不强做区别的话，那么也就不会产生诸如此类的虚妄之见了。美丑如此，有无、难易、长短、高下、声音、前后等，亦复如此。广真由此指出："是以圣人处无为之事，菩萨生无住之心，圣人行不言之教，菩萨说无说之经。无作也，无生也，无为也，而无不作也，而无不生也，而无不为也。所以功成而不知以为功，有居即有得，有得即有失，不居不去，正无得而无失。"① 换言之，正是由于道家所说的圣人，或者佛教所说的菩萨，怀着无执的心理来安心处事、说法教化，故而能够大功告成；同时也正是由于圣人或菩萨不自居其功，这些功业才会长久存在并发挥其作用。在广真看来，真正实现"无不作也，而无不生也，而无不为也"的关键，就是做到"无作也，无生也，无为也"，将其概括为佛教常用的一句话，就是"无执"。

吹万广真将"是以圣人为腹不为目"解读为"应生无所住心"，主张对于色、声、香、味均应无所执着。《老子》第十二章

---

① 吹万广真：《一贯别传》卷二，本书第30~34页。

云:"五色令人目盲,五音令人耳聋,五味令人口爽,驰骋畋猎令人心发狂,难得之货令人行妨。"凡夫俗子沉湎在色声货利中不能自拔,因此老子警告他们,追求货利的目的不是为了耳目之娱,而是为了免于饥寒。但是从佛教的立场上看,对于声色货利如果一概排斥的话,那么自然也是一种执着,因此他主张,对于声色货利,既不应像凡夫俗子那样沉溺其中,也不应像小乘那样绝对排斥,而应如《金刚经》所说:"不应住色生心,不应住声、香、味、触、法生心,应生无所住心。"广真说:"要知'见色闻声也不妨,百花影里绣鸳鸯。自从识得金针后,一任风吹满袖香'。如此又见色、声、香、味、触,亦能证得圆通也,故老子为腹不为目。"① 如果人们对于声色货利既不执着于贪婪,又不执着于排斥,而是怀着一种无执之心将其运用到弘法利生之中的话,那么便可由此而证得功德圆满、神通广大的果报。在广真看来,佛教这种无执的智慧才是真正的"为腹不为目"。

吹万广真将"圣人常善救人,故无弃人,常善救物,故无弃物"解读为"万法皆如",主张对烦恼与涅槃、众生与佛果等均不应有所执着。广真指出:"血气之属必有知,凡有知者必同体,故无弃人也。溪声尽是广长舌,山色无非清净身,故无弃物也。夫岂独是而然哉!除烦恼而趣涅槃,喻去形而觅影。离众生而求佛果,喻默声而求响。此亦故无弃人也。本迷摩尼谓瓦砾,豁然自觉是珍珠。无明智慧等无异,当知万法即皆如。此亦故无弃物也。善救之理,须从这里去。"② 广真在这里首先以众生同体理解

---

① 吹万广真:《一贯别传》卷二,本书第32页。
② 吹万广真:《一贯别传》卷二,本书第33~34页。

无弃人，以法身无相应物现形理解无弃物，然后运用烦恼与涅槃、众生与佛果、无明与菩提相即不二的理论，进一步证明圣人无弃人、无弃物的道理，无形中将道家的格言转化为对佛理的阐述，将道家的圣人置换成了佛教的菩萨，并且给人一种宏阔、广大、真切、可行的感觉。

吹万广真运用佛教的"无执"的智慧，将老子"得一"之说中的得道无为境界进一步拓展开来。老子云："天得一以清，地得一以宁。"此"一"即"道"，转化为方法，也就是"无为"。在道家看来，此一语说出了无为之道的重要作用。但在吹万广真看来，佛法应以无所得最为究竟、彻底，老子的"得一"虽然很殊胜，但毕竟还是有所得的，因此他说："古德云：'天得一以清，地得一以宁，神得一以灵，谷得一以盈，万物得一以生，侯王得一以为天下贞，衲僧得一祸患临身。'且道衲僧既得一，为甚么又祸患临身？吹万曰：'杀父，杀母，害罗汉，破散僧众，恶心出佛身血，俱缘此一而有。若得此一竖立起来，左右无依无倚，始得冤家解脱去。'"① 得道无为固然是高人境界，但若执着于得道，执着于无为，无疑又受到了得道无为的束缚；达到得道无为之境，又不为得道无为所束缚，这才是真正的解脱。

吹万广真以"无执"解说"无为"的地方还有不少，限于篇幅，此处不再一一列举。广真的这种解读不仅将老子的无为之道纳入了佛教禅宗的范围，而且使《老子》成为宣说佛教圆融"无执"智慧的经典。吹万广真所见到的老子的高明之处，就在于

---

① 吹万广真：《一贯别传》卷二，本书第34页。

《老子》之道、无为与禅宗所说的佛性具有相当程度的一致性。而他对《老子》所做的禅学解读，对于人们深入、准确地理解《老子》虽然不无帮助，但却进一步取消了佛道两种思想体系之间的差异，使两者直接等同起来。

吹万广真对《庄子》的禅学解读

广真虽为一代高僧,但非常喜欢《庄子》(原文作《南华经》),其以"吹万"自号,就是取自于《庄子·齐物论》中的"夫吹万不同,而使其自已也,咸其自取,怒者其谁邪"一语。于此亦可见他具有容纳不同思想和信仰的雅量。他主张儒、道、佛一以贯之,教虽分三,其间差别"特教化若狙公赋芋耳"①。广真对《庄子》的禅学解读,不同于一般的注疏,而是拈出关键语句,将其置入禅宗语境中进行禅学化的评论。

一、何不树之于无何有之乡,广莫之野

《逍遥游》是庄子理想境界的展现。但如何达到这一境界呢?广真拈出其中"何不树之于无何有之乡,广莫之野",作为进行禅学解读的关键语句。他指出:"菩萨有不思议解脱门,能大能小,能升能降,能有能无,能圆能方,非执一者之所可入,亦非边见者之所可到也。"广真将庄子的"逍遥游"解释成破除执着与边见的"菩萨不思议解脱门",由此实现了《庄子》与禅宗之间的语境置换。

从菩萨入解脱门的角度来看,蜩鸠时控于地,蟪蛄不知春秋,皆是能小不能大,固无可论,纵使高飞万里的鲲鹏,以八千

---

① 吹万广真:《一贯别传·自序》,本书《自序》第1页。

岁为春八千岁为秋的大椿,也是能大不能小,同样受限而不得自在。就人世而言,广真认为,有些人能"知效一官,行被一乡",此不过"凡夫禅"境界;有些人能"定乎内外之分,辩乎荣辱之境",此则达到"声闻禅"的水平;即便能"御风而行,旬有五日而后反"的列子,因其"犹有所待",故也只是"二乘之禅"。广真虽以"独看积素凝清禁"形容许由之不受天下,以"已觉轻寒让太阳"拟议尧之让天下,似有称赞之意,但在实际上,他认为无论是尧之让,还是许由之不受,其实都是对名相的执着,只有那些"御六气之辩,以游无穷"的人,及那些不肯以物甚至天下为事、肌肤若冰雪、淖约若处子的藐姑射山之神,才真正获得了"事事无碍之法界",达到了"常处于无何有之乡,广莫之野"的"无为而无不为"之境界,始可称得上"真逍遥"。① 广真将《逍遥游》的各则寓言理解为从世间事物向逍遥境界的递次升进,其思路简洁明了,很有启发意义。

需要指出的是,广真虽然认为逍遥解脱者不肯弊弊焉以物甚至天下为事,但这并不意味着他对天下事物持否定态度,他只是强调不执着于天下事物而已,这种思想在他的《法界逍遥歌》中体现得非常充分。他以慈悲心观视世间,但只见"法界茫茫洪水赤,四大能装青雀舶,予师独来主柁根,随流倒驾如飞鸟",他设想自己无论是飘入"老焰魔""罗刹国""飞走行",还是"阿修罗""蝶虫里""碧云层",甚至"四谛中""十二缘""萨埵林""毗卢顶",都能以"落花啼鸟任君瞒,白雪阳春在我歌"

---

① 吹万广真:《一贯别传》卷二,本书第36~37页。

的姿态,随缘度世,实现"法界犹如酪一杯"式的自在逍遥。① 也可以说,广真的"菩萨不思议解脱门",就是摆脱了对外界事物有所依赖的无待逍遥之境,庄子的话语方式成为他在中国文化语境中阐释自己佛教理想的绝妙工具。

二、吾丧我

《齐物论》一向被认为是庄子方法论的阐述。吹万广真拈出其中"吾丧我",并按照佛教破除我法二执的"无我"思想对之进行了禅学解读。

世界上的一切人物,莫不认为有一个永恒的自我,乃至人我山积,遂有此疆彼界,相互隔碍,难以融通。因此《楞严经》云:"一人发真归元,十方虚空悉皆销殒。"将"发真归元"作为展现法界实相、实现自在逍遥的基本途径。但如何才能"发真归元"呢?吹万广真指出,只有实现了"丧我"才能够"发真归元",只有实现了"无我"才可以消除此彼的对立;只有破除了对自我的执着,才能忘怀世界的存在;只有忘怀了世界的存在,才可以达到"无物"的境界。内而无我,外而无物,始可以"敛万有于一息,无有一物可役吾之明彻;散一息于万有,无有一物可间吾之营为"。元卓所著《梦蝶论》中有云:"灵源湛寂,触处皆知;变化代兴,随遇无择。所以篇立子綦之丧我,齐物之端已开;言寓庄周之梦蝶,无我之意竟显。"广真对此言极为认同,

---

① 吹万广真:《吹万禅师语录》卷十三,《嘉兴大藏经》第29册,台北:新文丰出版公司,1987年,第522页下~523页上。

他不无感慨地说:"噫,举世皆梦,天下一蝶也,孰为我?孰为物?"① 广真之言自然说的是"吾丧我"之后的"无我"境界。

广真虽然以佛教的"无我"诠释庄子的"吾丧我",但从他的论述中,我们可以体会到二者之间的差异:"吾丧我"是因,"无我"是果,这就如同通过道家"吾丧我"的门径进入佛教的殿堂一样。很显然,广真诠释的虽是《庄子》,但其佛教的立场却是始终如一的。

三、庖丁为文惠君解牛

《养生主》以"庖丁解牛"为喻演说养生之理,吹万广真站在佛教的立场上对之加以解说,遂使道家的"养生主"一变而为禅宗的"明心法"。

吹万广真将"庖丁解牛"所涉及的诸多文学意象置入佛教的语境之中,使这则寓言呈现出崭新的意义形态来。佛教中多有以牛说法之处,如南岳怀让曾以"牛若不行,打牛还是打车"的提问启发马祖道一,沩山灵祐曾有"老僧迁化后,去山下檀越家,作一头水牯牛"的宏愿,懒安自述在沩山三十年"只看一头水牯牛",后世还有人将"牧牛图"作为工具讲述心识转染成净的过程;佛经中所说的屠户,以《涅槃经》中那位"放下屠刀,立地成佛"的广额屠儿最为知名;佛教以刀剑喻智慧的说法更是在在多有,尽人皆知,无烦列举。广真以此解读"庖丁解牛",将"能奏之刀"视为"幻智",将"可解之畜"比作"妄情",将

---

① 吹万广真:《一贯别传》卷二,本书第37页。

"目无全牛""游刃有余"看成能所俱泯、物我同虚的逍遥境界,因此他说:"刃潜生杀之机,目绝有无之境。正所谓离心冥物,未尝见牛,乘虚原理,未尝游刃者也。"① 此与以无念、无相、无住为基本特征的南宗顿悟禅法若合符节。

懒安禅师曾说:"予亦守栏二十年,始得见牛。"广真由此发问:"第今之解牛者,且问能解此栏中牛也么?"② 这可以说是吹万广真对当时的禅修者能够破除烦恼、获得身心自在所寄予的一种厚望。

四、心斋

《人间世》将"心斋"视为获得至道的前提。庄子假孔子之口述其要领:"若一志,无听之以耳而听之以心,无听之以心而听之以气。听止于耳,心止于符。气也者,虚而待物者也,唯道集虚。虚者,心斋也。"换言之,只有破除一切前见,使自心达到空虚无染的清净状态,才能得道。

吹万广真认为庄子所说的"心斋"就是佛教所说的禅定。他认为,修行者通过坐禅,就可以破除各种事物对自心的染污,息灭胡思乱想,使自心归于寂静,由此实现对眼、耳、鼻、舌、身、意六根的正确运用,从而达到真(空)俗(有)二谛的融会贯通。也就是说,在广真看来,心斋就是禅定,通过"心斋"所达到的空虚与通过禅定所达到的寂静是相同的,都可以被形容为"江天一色,潮连海平"。

---

① 吹万广真:《一贯别传》卷二,本书第38页。
② 吹万广真:《一贯别传》卷二,本书第38页。

不过广真毕竟是一代大禅师，因而不免将"心斋"当作话头参。他说："是心亦无，斋个甚么？霜林夜动，响传落叶之声；天籁晓闻，静发清机之窍。谓心可也，非心亦可也；谓斋非也，不斋亦非也。复有个昏荒颠倒不为醉、滥误疑混不为杀的出来，又作么生？"①意谓无论是心斋，还是禅定，均非向外求索，而是回光返照，让自家的本来面目呈现出来。

五、坐忘

《大宗师》假颜回之口述"坐忘"云："堕肢体，黜聪明，离形去智，同于大通，此谓坐忘。"这就是说，人们只要突破了自我形体的局限，摆脱了个体意识的束缚，就可以达到与道为一的境界。

吹万广真将"坐忘"视为破除执着之后所获得的解脱与自在。一说到"坐"，佛教中人自然会想到"坐禅"，广真也是如此。在他看来，组成人们个体自我的地、水、火、风本来就是空无自性的，因此根本上就不存在什么"能坐之人"；而人们一旦破除了法、我二种执着，就会使法身、报身、化身"三身现前"，完全摆脱对各种事物的依赖，因此也就不需要什么"可忘之坐"。在广真看来，只有"坐无所坐、忘无所忘"，才称得上是"真坐"。广真此论，意在使修行者在任何情况下都能保持内心的宁静，与六祖惠能所谓"外于一切善恶境界，心念不起，名为坐；内见自性不动，名为禅"若合符节。因此他不满于一些对仁义、

---

① 吹万广真：《一贯别传》卷二，本书第38页。

礼乐与智慧的执着，批判他们说："仁义无体，滞之者妄为仁义；礼乐无名，执之者幻成礼乐。况复智慧愚痴咸般若，黜的阿谁？幻化空身即法身，鉴个甚么？"① 无滞于仁义，不执于礼乐，无所去取于智愚真俗，何适而非道，就意味着无行而非禅。

北宋禅师佛印了元有一首非常著名的偈颂："赵州昔日少谦光，不出山门见赵王。怎似金山无量相，大千尽是一禅床。"将"不于三界见身意"的禅门宗旨生动地体现了出来。广真对此赞叹不已，认为"坐的忘的，总出这一着不得"，视之为"栳栗担挑华藏界，维摩掌上未为多"。② 这无异于宣布庄子的"坐忘"就是禅师得道的境界。

六、壶子

《应帝王》载列子之师壶子与郑之神巫季咸斗法事，谓季咸初见壶子而断其必死，再见壶子而幸其可生，三见壶子而无得相之，四见壶子则"立未定，自失而走"。庄子试图证明壶子之道远高季咸，不过岁月绵渺，对于壶子、季咸之术，后人终究是莫知其详。佛教输入，谓甚深禅定可以引发他心通、宿命通、神足通等各种神通，人们遂以彼例此，将其视为二大师之间的神通竞赛。

在吹万广真看来，西天大耳三藏与南阳慧忠国师验证他心通就是壶子、季咸故事在唐代的重演。史载西天大耳三藏得他心通，唐代宗令慧忠国师对他进行验证。慧忠国师三次发问："汝

---

① 吹万广真：《一贯别传》卷二，本书第39页。
② 吹万广真：《一贯别传》卷二，本书第39页。

道老僧（心）即今在甚么处？"大耳三藏初答："西川看竞渡。"再答："天津桥上看弄猢狲。"但对第三次询问大耳三藏却良久难以回答。慧忠国师叱之曰："这野狐精，他心通在甚么处？"仰山慧寂认为，慧忠国师前二度是涉境心，故而有迹可求，后入自受用三昧，所以大耳三藏难窥其所在。广真认为，壶子对神巫季咸的验证，前三次都是有心而为，因此必定会有前兆的产生，有事相上的显现，季咸可据而窥测其奥秘，及至后来壶子"示之以未始出吾宗"、"与之虚而委蛇"，季咸也就"不知其谁何"，最后只好逃之夭夭。广真指出，此时壶子之心已成为"空明妙湛，总持万有"的太虚，所以季咸无法测知。广真以禅师的口吻自设问答："然则慧忠国师与壶子是同是别？若曰同，断云将野鹤俱飞，竹响共雨声相乱；若曰别，是处峨眉峰顶现，千红万紫斗芳妍。"① 其言下之意，是说二者同中有异、异中有同，虽然同异互见，但到底异不胜同。

壶子、季咸的故事向称难解。我认为，壶子是庄子推崇的真人，"未始出吾宗"而"与之虚而委蛇"是庄子主张的生存方式，世人"不知其谁何"则是一种理想的人生境界。吹万广真将壶子与季咸之间的比试视为神通竞赛，虽然未必符合庄子的原意，但却为人们理解这则寓言提供了非常好的启发。

七、玄珠

《天地》谓黄帝游乎赤水之北，登乎昆仑之丘而南望，还归，

---

① 吹万广真：《一贯别传》卷二，本书第39~40页。

遗其玄珠，使知、离朱、吃诟索之而不得，乃使象罔，象罔得之。黄帝曰："异哉，象罔乃可以得之乎？"

吹万广真将这则寓言中的象罔得珠视为对如何得道的表述。具体来说，"玄珠"象征着道，"象罔"（原文为"罔象"，有的版本也作"象网"）则表示着得道的方法或途径。黄帝遗其玄珠，意味着人对道的偏离和遗弃。广真认为，道本来是非常切近人们自身的，但人们向外游览与向上攀登，破坏了道原始的寂静状态，由此产生了各种知觉（"知"），形成了精明的分别（"离朱"），培养了辩才（"吃诟"），从而使人们遗失了道这颗"玄珠"。广真指出，"象罔"就是"无象之象"，其所以能够得道的原因在于，"养其无象象故长存，守其无体体故全真，正能使之而能得之也"[1]。他以引导读者参禅的口吻说："本自无失，得个甚么？本自无用，使个甚么？风飘律吕相和切，月傍关山几处明。焉有游北登丘，南望还归之想！"[2] 以无得为得，以无用为用，一切随缘任运，此正是禅者得道的气象。

庄老道家主张无为而无不为，此正是黄帝失而复得的那颗"玄珠"；一经吹万广真的诠释，这颗"玄珠"似乎就是禅者的随缘任运。于此我们可以体会到庄老道家在中国禅宗形成过程中所起到的重大作用。

八、濠梁之上

《秋水》谓庄子与惠子（惠施）游于濠梁之上，庄子曰：

---

[1] 吹万广真：《一贯别传》卷二，本书第40页。
[2] 吹万广真：《一贯别传》卷二，本书第40页。

"儵鱼出游从容，是鱼之乐也。"惠子曰："子非鱼，安知鱼之乐?"庄子曰："子非我，安知我不知鱼之乐?"惠子曰："我非子，固不知子矣；子固非鱼也，子之不知鱼之乐，全矣!"庄子曰："请循其本。子曰'汝安知鱼乐'云者，既已知吾知之而问我。我知之濠上矣。"这就是庄子与惠施之间著名的濠上之辩。

吹万广真从消除物我分别的角度上阐明了庄子濠上之辩的正确性。在他看来，庄子的快乐并不在鱼，而在于发现自己的见解真实自然（"见见之至真"）；鱼的快乐也不在于水，而在于能够以"出游从容"的方式游戏于水中（"游游之一致"）。庄子的见解并非来自于主观的预期，鱼的快乐也不是来自刻意的追求，因而这种快乐是无法改变的。惠子以庄子"非鱼"而试图否定庄子的见解，同样道理，惠子也不是庄子，那么惠子关于庄子不知鱼乐的断言就无法保证其正确，这反而说明了物我之间具有某种同一性。从另一角度来说，既然庄子认为惠子不是自己而无法知晓自己的见解，那么庄子不是惠子也就意味着庄子无法了解惠子的观点，这也为彼我无异提供了佐证——既然彼我都无法了解对方，那么也就无所谓差别了。在广真的眼中，庄子已经破除了物我相待和彼我对立，其所谓"请循其本"，就是引导惠子进入"世界一水""彼我一鱼"的自然境界。①

庄子与惠施的濠上之辩本来就与后世禅宗的机锋相斗非常相似，而吹万广真将这则寓言的诠释重点又放在了破除物我彼此的差别与对立上，无形中为之涂抹上非常浓重的禅学色彩。广真对

---

① 吹万广真:《一贯别传》卷二，本书第41页。

庄子濠上之思的"请循其本",实际上就是对"看话禅"技巧的运用和发展。

九、坠车

《达生》讲到醉者从车上坠落下来,即便是车子跑得非常快,也不至于被摔死。庄子认为,醉者骨节与清醒者相同,而所受危害却不大,就在于醉者的精神状态保持了充分的完整性("其神全"),没有分神关注自己是乘车还是坠车,分神去考虑坠车后是死是生,因此毫无惊惧。因此庄子提出:"彼得全于酒而犹若是,而况得全于天乎?圣人藏于天,故莫之能伤也。"这种"随顺自然、任运无为"的观点是道家一贯的主张。

吹万广真将醉者乘车坠而不伤理解为禅宗的"无所分别"。广真指出,酒使人们泯灭了乘车与坠车的差别,道则使人们破除了身心内外物我的区分。在这则寓言中,"车"象征着人的精神魂魄,"路"代表着人的动静行藏,"坠地"则意味着二者的融合统一。人们对这三者都非常关注,若能就其为实有而主宰之,就其为虚无而运用之,自然就会感觉到法界的宽广与世路的平坦,并在其中获得充分的自由和自在。为了将人们引入此境,广真设问道:"假如世界未成时,众生未有时,佛未说法时,汝等以为车,乘者谁耶?坠者又谁耶?"这无疑是引导人们放弃对外界的执着与分别,去追寻自我"父母未生前"的"本来面目"。对于自己这种单提向上的方式,广真自知曲高和寡,因而在良久的沉吟之后，不免有"太湖三万六千顷，月在波中说向谁"的孤寂之感。①

酒为佛教五戒之一，吹万广真作为一代高僧，是不可能提倡饮酒的，他只是借用醉者乘车坠而不伤阐明无所分别的利益而已。克实而论，醉者的无所分别是分别能力的丧失，而禅宗提倡的无所分别，则是破除人们虚妄分别之后所获得的自由和自在，二者的不同也是非常显然的。我们说，禅宗语录中的各种迅捷的机锋和峻烈的手段，其目标都是为了破除人们对物我彼此的虚妄分别，使各种事物都恢复或回复到自己的本然状态。

十、道术

《天下》将"古之所谓道术者"视为一个"无乎不在"的整体，但由于"天下大乱，贤圣不明，道德不一"，后世学者"多得一察焉以自好"，诸子"闻其风而悦之"，遂有"百家往而不反"，从而造成了"道术将为天下裂"的局面。

吹万广真将各种道术都视为禅宗所说的"标月指"。假如有人不知月之所在，禅师以手指天，其手指固然非月，但顺着其手指却可以发现月在中天；禅师的机锋棒喝、评唱公案、拈提古则，都不是道，但由此可以悟道，这些做略也因之被视为"标月指"。广真将各种道术都视为"标月指"，无疑扩大了这一禅语的应有范围，也展现出他具有非常广阔的视野。在他看来，饥餐倦眠、热举扇、冷加衣，是道家的道术；周旋应对，曲体折腰，讲

---

① 吹万广真：《一贯别传》卷二，本书第41页。

究宾主之礼、少长之别,是儒家的道术;扬眉瞬目、叫即应、打即痛,是佛教,特别是禅宗的道术。广真指出,这三家道术虽然都是"与生不生,即灭不灭,亘古不磨之仪式",但其礼乐文章与道德仁义,也都只是"标月之指"而已,人们应该借助这些标示物找到门径,并最终由此证悟大道,这就是"闻其风而悦之"的意义。对于由道术而悟道,广真没有遽断其难易,他引唐代居士庞蕴一家偈颂说:"庞公曰:'难,难,十担油麻树上摊。'庞婆曰:'易,易,百草头边祖师意。'灵照曰:'也不难,也不易,饥来吃饭困来睡。'向上者,当于此荐取。"① 其言下之意,是希望学道者既不畏难,也不图易,一切随缘任运,自然会有悟道之日。

庄子论道术,是在慨叹"后世之学者,不幸不见天地之纯,古人之大体",话语中透露出一种无法自抑的文化悲情。吹万广真将道术视为"标月指",充分肯定儒、道、佛三家都具有向道的功能,反倒彰显出一种由各种道术都可以悟道的乐观和自信。

吹万广真在儒、道、佛三家一贯的视域内对《庄子》进行的教外别传式的解读,将诠释的重点放在破除自心对物我的执着和对是非的分别上,既展示出将禅宗义理融入道家经典的致思倾向,又体现了在道家语境中寻求佛教经典真义的价值诉求。

---

① 吹万广真:《一贯别传》卷二,本书第41~42页。

吹万广真对《华严经》的禅学解读

在《一贯别传》的最后部分,吹万广真站在禅宗立场上,运用禅宗的思维方式,对《华严经》展开了提纲挈领式的禅学解读,为人们理解这部中国佛教的重要经典提供了一个独特的视角。

一、总说

至善所撰《吹万禅师行状》还透露出,吹万广真对《华严经》非常感兴趣,特别是读到"毗目仙人执善财手,一须臾间,历过佛刹微尘数世界"时,他对事事无碍法界之义获得了真切的体验,由此得以深入禅宗五宗的堂奥,透悟了历代祖师的公案。因此,他对《华严经》的禅学解读便具有了畅叙自己内心体悟的意味。

在吹万广真看来,整部《华严经》就是对毗卢遮那法身、释迦妙性的集中展现。广真指出,此毗卢法身、释迦妙性,就圆满地具足于每一位众生的自心之中。由于众生烦恼无边,心念无际,分别无穷,妄想无尽,故而才有了诸佛法界无边,现相菩萨无际。文殊妙观察无穷,普贤应化法门无尽,其中善财、普贤、文殊等,都不过是表法的符号而已,"《入法界品》之善财,乃自性之觉体。文殊、普贤及五十余员善知识,乃性中所得之心法。斯则全因是果,全体是用也。《世主妙严》至《离世间》,品品中之毗卢遮那，乃如来藏身之觉体。文殊、普贤及信、住、行、向、地之诸菩萨，乃华藏世界之本根。斯则全果是因，全用是体也。故知心性觉圆，则藏身与法界全彰；智行具足，则文殊与普贤共命。所谓'应观法界性，一切惟心造'也"①。学者们了解到善财、文殊、普贤等诸菩萨及五十三员善知识等为自心圆满具足的觉悟之因，就是"明自本心"；学者了解到毗卢遮那为自性圆满具足的觉悟之果，就是"见自本性"。不过令人感到遗憾的是，众生对自心本性往往习焉不察，熟视无睹，时常处于"日用而不知"的状态，因此虽然本自具足如来智慧德相，但仍然不免流浪于生死的苦海之中。

很显然，吹万广真将《华严经》视为自心本性的展现，虽然也立足于对《华严经》本文的理解，但其所领悟到的，主要还是《华严经》的"言外之意"，因此其"教外别传"的色彩至为突出，可以说是非常典型的禅学解读。

二、《世主妙严品》

《世主妙严品》是唐译八十卷《华严经》的第一品，以长达五卷的篇幅展现了广大无边的莲华藏世界海中，处处有国王供养如来说法的奇妙景象。

吹万广真从品名中体会到，使世界成就其奇妙庄严的关键，就是众生"无本无住"的当下之心。广真以"有而不有，无而不无"的"体"为"主"，认为"不有而有，不无而无"的"用"

---

① 吹万广真：《一贯别传》卷五，本书第 112~113 页。

依从于此"体"或"主",佛是众生之主,众生是世界之主,世界是太空之主,佛、众生、世界、太空四者依次迭为体用。遵照"用因体立,体以用现"的法则,作为"体"的"世界"就存在或显现于作为"用"的"太空"之中。同样道理,作为"体"的"诸佛"也不能脱离作为"用"的"众生"。广真更进一步将太空、世界、诸佛、众生统统视为"用",追问其"共有所主之者",即共同的"体"。在广真看来,此"体"作用极为奇妙:"一声落地,威音之那畔已来;一息成氤,华藏之前境俱布。所以天得之而上,地得之而下,四维得之而为经纬表里,二仪得之而为升降循环,万物得之而为生为杀,鬼神得之而为吉为凶,在佛得之而为天中之天、圣中之圣矣。"① 世界因此"体"变得如此奇妙庄严,故称"世主妙严","盖此世界中,天龙八部等,类类皆得此妙而解脱,皆得此妙而庄严。显大威德,示大神变者,此也;入圣降凡,弘音广赞者,亦此也。由世而现,即世间之主也;住世而尊,即世间之尊也。妙严之称,岂徒然哉!"② 最后,广真引用《维摩诘经》对"善不善孰为本"的系列追问,得出了"共有所主之者"就是"无住则无本",即"无住本"的结论。

我们知道,禅宗六祖惠能大师是偶然间听闻《金刚经》中的一句"应无所住而生其心"而开悟的。在中国佛教特别是极其重视心性的禅宗语境里,"无住本"实际上已经成为众生当下之心的代名词。如此一来,吹万广真就从《世主妙严品》的经文中领悟到了佛祖"教外别传"的旨趣。

---

① 吹万广真:《一贯别传》卷五,本书第113页。
② 吹万广真:《一贯别传》卷五,本书第113~114页。

三、《普贤三昧品》《世界成就品》《华藏世界品》

《普贤三昧品》《世界成就品》《华藏世界品》分别是唐译八十卷《华严经》的第三、四、五品。《普贤三昧品》讲普贤菩萨入出佛三昧,诸佛菩萨同声赞颂。《世界成就品》讲普贤以佛神力,为道场海众诸菩萨说世界海等事,分别显示十方刹土形象及成因。《华藏世界品》讲普贤演说毗卢遮那往昔修行所——严净的华藏世界海中无量妙宝庄严功德,乃至世界海中一切世界庄严及佛号等。这三品经文深刻揭示了诸佛世界皆以深宏愿力和艰卓修行而得以成就的奥秘。

如果将这三品经文连接起来,那么就产生了两个问题:一者,普贤菩萨作为尚在因地修行的菩萨,如何能知道毗卢遮那如来所证得的果地境界?二者,诸佛世界海与毗卢遮那如来华藏世界海之间是一种什么关系?对于第一个问题,吹万广真以"体用一如、因果不二"加以解释。在他看来,毗卢遮那如来为体,普贤菩萨为用,毗卢遮那如来正是从无量劫前通过修普贤行才得以成就佛果的,因此毗卢遮那如来所具有的种种三昧、种种正受、种种光明,普贤菩萨都是应当知道的。经文有云:"承佛神力,入于三昧,此三昧名一切诸佛毗卢遮那如来藏身。"广真从中获得了"化母之机,春象之锦,已尽漏泄"的感受,表明他对《华严经》因赅果海、果彻因源、因果不二的道理获得了切身体会,因此才会对普贤菩萨说法"若决江河,沛然莫之能御"的气势,发出"此非万行之长子,孰能于斯善简众法也"的由衷赞叹。对于第二个问题,广真则运用佛性与迷悟的辩证关系加以解释。他说:"众生众生者,即非众生,是名众生。迷去真如成佧侗,佛法不是鲜鱼,那怕烂却。悟来佛性是颠顶,又隔一重关。这里会得,何妨华藏与众生不同!如或未然,依旧天堂与地狱相对。古德云:身在海中休觅水,日行岭上莫寻山。莺啼燕语皆相似,莫问前三与后三。"① 很显然,这是运用禅宗的语言阐释诸佛世界海与莲华藏世界海不一不异的道理。

吹万广真对这三品经文的解读,意在阐明毗卢遮那如来的无量妙德就在因地菩萨的心行之中,莲华藏世界海的无量庄严就在现实生活的世界之中,因此具有强烈的直指当下此心的禅学意味。

四、《毗卢遮那品》

《毗卢遮那品》是唐译八十卷《华严经》的第六品,主要叙说大威光往昔之世修菩萨行时,曾承事供养胜云如来、波罗蜜善眼庄严王如来、最胜功德海如来、名称普闻莲华眼幢如来等。由于经文中未能明确将大威光菩萨与毗卢遮那如来的关系讲出来,因此李通玄长者《新华严经合论》(将唐译八十卷《华严经》与李通玄长者《新华严经论》汇合编辑成书)曾怀疑这一品经文未能全部传入中国。但在吹万广真看来,《大方广佛华严经》中的毗卢遮那如来就是胜音世界的威光太子。按照明自本心、见自本性的禅学解读原则,广真指出:"毗卢全身是世界,遮那妙性是光明。以妙性映全身,则遍体无不照矣。以光明耀世界,则种种

---

① 吹万广真:《一贯别传》卷五,本书第114~115页。

无不彻矣。……前所云遮那者，遍照也。吾人行、住、坐、卧、视、听、言、动，何常不在遍照？只恐才移净瓶来，又道古佛过去远。"① 就是说，人们应从日常生活的一切活动之中，体会到无时不在起作用的佛性。

五、观察十方

《华严经》常说到诸位菩萨"观察十方"，对于其间深义，吹万广真引用《易传》之说对此加以解释。他说："十者，满数也。天一、地二、天三、地四、天五、地六、天七、地八、天九、地十。盖一、三、五、七、九，天之阳数也，阳以生之。二、四、六、八、十，地之阴数也，阴以成之。故云天数五，地数五。又云二五之精，妙合而凝。"② 换言之，在广真看来，"十"意味着阴阳的和合与万物的化育。他进一步推论，佛教经典所说的根、身、世界、百亿须弥、百亿日月、百亿四天下等，也都是如此生成的。他据此指出："经之八部天、龙、夜叉、波罗蜜门及信、住、行、向、定、忍，所有诸佛、菩萨，皆以十数而表之者，亦此义也。所以一念观察十方俱遍，性固有之矣。"③ 由于万物都是天地阴阳和合而成，其本身就是十数的存在形式，因此可以在一念之间对十方展开周到、普遍的观察，这些都是本性所具有的。广真此论，无形中将《华严经》置入了《易经》等儒家经典的思想话语体系之中，具有将《华严经》的义理境界归结于众生当下

---

① 吹万广真：《一贯别传》卷五，本书第115~116页。
② 吹万广真：《一贯别传》卷五，本书第116页。
③ 吹万广真：《一贯别传》卷五，本书第116页。

一念的强烈思想倾向。

六、《如来名号品》《四圣谛品》《光明觉品》《菩萨问明品》《净行品》《贤首品》六品

《如来名号品》《四圣谛品》《光明觉品》《菩萨问明品》《净行品》《贤首品》六品分别是唐译八十卷《华严经》的第七、八、九、十、十一、十二品，属于初会普光明殿的内容，其中前三品讲如来正报，后三品说依法起修。

吹万广真——将其置入当下众生本心自性的禅学语境之中。广真指出，十方诸佛，名号众多，亦因众生而得成就。一般认为，十方诸佛高高在上，与众生形同霄壤，广真强调诸佛不离众生，意在引发众生的自信。广真认为，种种无明、烦恼、颠倒、妄想就是众生的苦谛、集谛，"若在这里拽转头来，即如来之道谛、如来之灭谛。所谓贪瞋运菩提正路、痴爱成解脱真源也"[1]。在概括四圣谛的同时，又对如来不离众生做了进一步的说明。《光明觉品》中，蒙佛光照，文殊复现百亿文殊、百亿贤首等菩萨、百亿不动等智佛。在广真看来，这是如来为了增强众生担荷如来家业的自信心和使命感，故而将自己无量劫来的因地修证尽行披露，众生应"直信自心分别之性是法界性中根本，不动智等佛、金色等世界是自心无染之理，文殊是自心善简择妙慧，觉首、目首等菩萨是随信心中理智现前之义。通云十者，正显圆满无欠之根信也"[2]。换言之，华严海会云集的诸佛、菩萨所象征的

---

[1] 吹万广真：《一贯别传》卷五，本书第117页。
[2] 吹万广真：《一贯别传》卷五，本书第117页。

真理和智慧,圆满无缺地具足于众生当下的信心之中。广真概括《菩萨问明品》云:"文殊十问,通身是病通身药;觉首主答,遍界全真遍界尘。"① 广真概括《净行品》云:"智首菩萨一百一十问者,为成十信之行,自呈白净无染之智也。文殊说其一百四十净愿之门者,欲令众生便于生死海中,所有见闻觉知,一切诸行,悉皆清净,得入普贤行愿也。"② 而广真对《贤首品》的解读尤其具有直指众生当下本心的意味,在他看来,所谓"贤首",就是最初对佛、文殊、普贤的果地之行成就信心的人,"然妙慧出三业之源,智理随一心之变,无我无文殊,无我无贤首,遮那岂外乎日用哉!无边刹海之圣众,十世古今之仪范,总归遮那本具之事业耳。第吾人情生智隔,想变体殊,似乎远之矣。若即情达本,即想会心,夫何远之有!"③ 其言下之意是,最高佛果就存在于众生的情想之中,修行的关键就是在日常事中明心见性,因此他对李长者"能随缘自在者,即此毗卢遮那也"的说法极为欣赏。

按照华严宗的科判,《如来名号品》《四圣谛品》《光明觉品》《菩萨问明品》《净行品》《贤首品》六品经文属于十信位,意在劝导众生对佛果境界产生坚定的信心,从而展开真实的修行。吹万广真通过对这六品经文的禅学解读,将高远的佛果纳入众生心中,将神奇的修行置入平时的修持,从而极大地提升了《华严经》的实践品格。

---

① 吹万广真:《一贯别传》卷五,本书第117页。
② 吹万广真:《一贯别传》卷五,本书第117页。
③ 吹万广真:《一贯别传》卷五,本书第117页。

七、有胜三昧名方网等颂

《华严经》中的一些描述,迹涉神奇。如其谓菩萨处方网三昧中,"或东入而西出,乃至余方入而余方出,或眼根入而色尘出,乃至意根入而法尘出,或童子入而壮年出,乃至天身入而龙身出,或一毛孔入而一切毛孔出,乃至一微尘中入而一切尘中出,或佛光明入而于河海出,乃至天宫殿中入而于空中出"[1]。对于普通信众而言,这些神奇的描述都是非常难以理解的,最终的结果便是高推圣境,谓己无分,不免要将《华严经》束之高阁了。

吹万广真在解读此类经文时,特别强调领会其言教之外所传递的含义。他指出,这个被称为"方网"的"正定",乃是"森罗万象众生世界"的本体,只不过"吾人日用而不知"罢了,经文所谓的"菩萨入定出定",并不是要出入这种禅定,只是表明,无论出或者入,实际上都是在这种禅定之中,"所以定之在东而东,在西而西,在方而方,在隅而隅,在天而天,在地而地"[2],具体到个体身上,就是其眼、耳、鼻、舌、意、身六根各具功能:意识专注于六根,产生感触,此即"一可以散于六,一为无量也";六根获得感触,又都统摄于意识,此即"六可以入于一,无量为一也"。意识与六根的关系,可以说是"无入也,无出也,而无不入也,而无不出也"。推而广之,"我既如是,则人亦如是。根身如是,则世界亦如是。众生如是,则诸佛亦如是。孔子

---

[1] 吹万广真:《一贯别传》卷五,本书第118页。
[2] 吹万广真:《一贯别传》卷五,本书第118页。

曰：'天何言哉，四时行焉，百物生焉，天何言哉！'本自不可思议，何必思议乎！所谓'那伽常在定，无有不定时'也"。① 换言之，在广真看来，他所谓落入"森罗万象众生世界"的那个"定体"，也就是我们的意识，而所谓修行，就是使其由潜在的"日用而不知"，变而为显在的自觉。

吹万广真所说的意识，实即此心，因此他的这番诠释，也就是"直指本心"，而他从经文中所理解到的言外之意，自然也是一种"教外别传"。经过广真的解读，《华严经》中原来还充满神秘意味的"方网三昧"也就变成任何人都可以修持的此心的随缘任运了。

八、尔时，世尊不离一切菩提树下，而上升须弥

《华严经》中有关世尊不离菩提树下而上升须弥的描述事涉神奇，亦非普通信众所能理解。吹万广真以"心、佛、众生，三无差别"为依据，从法身遍在的角度上对此展开解释，这也是他运用直指本心显示佛性的禅学解读方法的一贯体现。

这里值得注意的是，吹万广真于此引据的不是佛教经论，而是《易经》《皇极经世书》等儒家典籍。《易经》有云："范围天地之化而不过，曲成万物而不遗，通乎昼夜之道而知，故神无方而易无体。"《皇极经世书》有云："至于人，则得天地之全，寒暑昼夜无不变，雨风露雷无不化，性情形体无不感，走飞草木无不应。目善万物之色，耳善万物之声，鼻善万物之气，口善万物

---

① 吹万广真：《一贯别传》卷五，本书第118页。

之味。盖天地万物，皆阴阳刚柔之分，人则兼备乎阴阳刚柔，故灵于万物而与天地参矣。"又云："自天地观万物，则万物为万物。自太极观天地，则天地亦物也。人而尽太极之道，则能范围天地，曲成万物，而造化在我矣。"① 广真通过对儒家典籍的引据，将遮那如来法身遍在的观念转化为人心的灵明遍及万物的思想。他进一步指出："吾人一身，浑是一个华藏世界。菩提在此，须弥在此，何升何离！若夫身心荡然，光明朗彻，帝心之所以遥见也。真空不二，妙有全彰，天性之所以佛来也。有则不立一尘，无则横遍十方，此妙胜殿也。起坐镇相随，语默同居止，此师子之座也。遮那之身，故如是乎？信者自取，勿生狐疑始得。"② 广真既以自身为华藏世界，那么《华严经》有关不动菩提树下而升须弥的描述，就如同自心不动而遍知全身一样，不仅祛除了其上所蒙的神秘色彩，而且具有了心灵修持的实践品格。

吹万广真引据《易经》《皇极经世书》等儒家典籍解读《华严经》，从而使《华严经》的义理内涵与儒家的思想观念实现了水乳交融，也在某种意义上证明了禅宗与中国固有思想观念之间的亲缘属性。

九、法慧菩萨说十住法

吹万广真对《华严经》修行次位的解读，也是直指本心。他非常重视信心，认为真实无妄的佛教信心是众生于"无量千万佛所种诸善根"的结果，其具体内容，就是"真信自心分别之性，

---

① 吹万广真：《一贯别传》卷五，本书第119页。
② 吹万广真：《一贯别传》卷五，本书第119页。

乃根本不动智佛也"，只要具足了这种信心，那么就意味着在发心修行之初已与诸佛如来无所差别，虽然从修行次位上有十住、十行、十回向、十地与十一地的不同，但无不是自心所具"根本不动智佛"，即真实信心在一时、一念、一法、一行上的显现。因此，在他看来，"十住位中云集之菩萨，则同一慧也；所来之世界，则同一华也；所事之如来，则同一月也"。他以"住"为"不变"义，即自心本性"不变随缘，随缘不变，因事得名，以理成位"，而发心、治地、修行、生贵、具足方便、正心、不退。童真、法王子、灌顶等则为"法中之事"的"名位"，自心本性历此十位而不变，故称"十住"。① 很显然，广真在这里对《华严经》主张的"发心究竟二不别"，做出了"即心即佛"的禅学诠释。

十、《十行品》

《十行品》是唐译八十卷《华严经》的第二十一品经文，主要讲述菩萨所修习的十种利他之行。在吹万广真看来，《华严经》所倡导的"十行"是"于身无所取，于法无所修，于生无所度，于佛无所证"的"无功用之行"，此与孔子所说的"己欲立而立人，己欲达而达人"，都是"法性固有之理"的体现。他指出，人与己具有一致性，因此无己、无人就是对己对人的最好的成就，"菩萨于此，欢喜饶益，则外无违逆，内无屈挠，彼此心无痴乱矣。夫如是，则能现行于一切法中而无所着，故号难得之行

---

① 吹万广真：《一贯别传》卷五，本书第119~120页。

也。此难得之行,即至善之法也,真实之行也"①。广真此处对"心无所着"的强调和重视,实际上具有将"无住为本"的禅宗精神贯注在《华严经》十行之中的意味。

十一、《十回向品》

《十回向品》是唐译八十卷《华严经》的第二十五品经文,主要讲述菩萨以大悲心救护一切众生的法门。在吹万广真看来,菩萨修行回向法门的关键就是无所执着。元代高僧万松行秀曾经说:"巍堂磊落,皆大丈夫相。干戈林里,拱身直过;荆棘丛中,摆手便行。脚跟下无五色线,舌头上无十字关,鼻端无泥痕,眼中无金屑,岂不是安乐快活底汉!"② 广真特为拈出,认为如果能切实体会古德的这几句话,就可以下汤锅入火海救护众生了。其言下之意谓,既不畏惧干戈林、荆棘丛这样的逆境,也不搞五色线、十字关之类的神秘把戏,既不摆出深入众生之中的花架子,也不装出真理在握的面孔,时时以自家的真面目为人处世,就是对众生的真正救护。因此他说:"众生无苦恼,则道谛不生矣;菩萨绝有情,则悲智不发矣。所以全俗是真,白云影里怪石露;全真是俗,绿水光中枯木青。金刚幢由是而持也,亦由是而回真入俗利生也。"③ 也就是说,广真理解的回向或者对众生的救护实际上就是真俗不二或者理事圆融的体现。正是由于菩萨在救护众生之时无所执着,"故能圆融真俗,起兴大愿,以成悲智而不偏

---

① 吹万广真:《一贯别传》卷五,本书第120页。
② 吹万广真:《一贯别传》卷五,本书第121页。
③ 吹万广真:《一贯别传》卷五,本书第121页。

于静乱矣"①。菩萨必须救护众生,始能成就利他觉他之功德,而广真特别强调菩萨回向必须具备无所执着的特征,进一步强化了禅宗无住为本的原则在一切修行中的指导意义。

十二、《十地品》

《十地品》是唐译八十卷《华严经》的第二十六品经文,主要讲述十地菩萨的修业。吹万广真认为此品经文是顿说实际理谛。如其谓"实际理谛"云:"地者,实际理谛也。世界未形,而此理已具;根身未相,而此性先端。世出世法,无不在此心地中流出也。"② 在广真看来,十地就是具足佛性的众生心地,故而必须在各位大菩萨显示出真切的信心之后,并且获得毗卢遮那世尊放光印可之后,才能对之进行解说和诠释。其谓此品经文为顿教云:"盖心法至此而极等,功业至此而会融,所以三十七品助道之法,一时现前矣。然此地,非权乘之地有渐次,乃如来一乘之地无渐次也。一可以散为十,而十可以摄于一者也。"③ 广真在这里将《十地品》的经文看成诸大菩萨一时顿悟实际理谛或佛性的证明。

十三、十一地:《十定品》至《如来出现品》

十一地即等觉地,菩萨修行,历经十地而至于此地,智行与佛齐等,故称等觉。吹万广真认为,唐译八十卷《华严经》从第

---

① 吹万广真:《一贯别传》卷五,本书第 121 页。
② 吹万广真:《一贯别传》卷五,本书第 122 页。
③ 吹万广真:《一贯别传》卷五,本书第 122 页。

二十七品《十定品》至三十七品《如来出现品》，共十一品经文，是对十一地法门的开示和宣说。

吹万广真首先对各品经文的生起缘由进行了诠释。他认为，《华严经》是对佛果境界的全面展现，其中智行二法始终是全经的眼目所在。"若有普贤无文殊，则功行尽成有漏。若有文殊无普贤，则寂定皆属二乘。故智行相融于觉体，乃名为佛也。"① 具体讲，贤首说十信，是对文殊之智的发挥；法慧说十住，是对普贤之行的显现；功德林说十行，是智行合一的结果；金刚幢说十回向，是菩萨智行合一在利生中的体现；而金刚藏说十地之法，则是菩萨智行合一修行圆满的证明。前此诸品，皆是诸大菩萨承佛神力而说妙法，至十一地，佛自说十定之名，而由普贤说十定之用。广真认为，这种分工一方面是由根本智的体用有别造成的，"盖以佛自说显根本智之体也，普贤说者显差别智之用也"②；另一方面，"自《世主妙严品》至十地如来，但只放光，未曾出语，此表初发心人，从实信起，渐进五位修持，只得如来之法光，未得见自本性，面礼真如佛也。至于等觉位，则我之自性与如来之性相接，故于此品，聊露一线也"③。这也是对菩萨修行成就的肯定。菩萨因修禅定获得神通，是以《十定品》之后，即有《神通品》。既得神通，便能忍受世间烦恼，故于《神通品》后，次以《十忍品》。忍者，即如如不动之意，意谓能坚持长劫修行。"《阿僧祇品》由心王菩萨问而如来亲说，《寿量品》《菩萨住处

---

① 吹万广真：《一贯别传》卷五，本书第122~123页。
② 吹万广真：《一贯别传》卷五，本书第123页。
③ 吹万广真：《一贯别传》卷五，本书第123页。

品》又令心王菩萨说，总谓初发心时，不知心由性生，一向背性缘法。到这里，本无一法可得。摄心归性，则性为妙明，心为妙慧，全心是性，全性是心，依前只是旧时人也。"① 心之妙慧，周遍无穷，由此显佛法之不思议，故次以《佛不思议法品》。至此已属佛的妙觉境界，因此普贤复说《如来十身相海品》，如来自说《如来随好光明功德品》，普贤又说《普贤行品》。在广真看来，这三品经文旨在明示如来十身由行智合一而得以成就，因此接下来的《如来出现品》，就以文殊与普贤的问答为主要内容，意在展现如来始终具有广大的行愿和智慧。这无异于宣称，所谓如来境界，就是智行合一最为圆满成就所达到的一种状态。

　　吹万广真接着从禅学的立场上叙说了他对如上诸品的看法。他引赵州之言说："有时拈一茎草作丈六金身，有时将丈六金身却作一茎草用。建立在我，扫荡亦在我。我说法即诸佛说法，诸佛说法即我说法。说即有若干，不说即无若干。我为法王，于法自在。"② 意在引导人们自信其心，自尊自性，不为经典言教所缚，而能为我所用。对此他又做了进一步的阐明："纵你遮那有无量之功德，文殊有无边之妙慧，普贤有广大之行愿，不免云门、南泉、文喜三个老汉，打的打，赶的赶，拂的拂，一时摈出。何以故？只谓这里容你闲佛、闲菩萨不得。咦，要得种种光明遍照，除是有杀佛杀祖的手段，便有担荷分。"③ 其杀活自在，纵横自如，较之赵州禅师，可谓是有过之而无不及。

---

① 吹万广真：《一贯别传》卷五，本书第124页。
② 吹万广真：《一贯别传》卷五，本书第124~125页。
③ 吹万广真：《一贯别传》卷五，本书第125页。

十四、《离世间品》

《离世间品》是唐译八十卷《华严经》第三十八品经文，以普慧菩萨云兴二百问、普贤菩萨瓶泄两千酬为主要内容，若有受持之者，其人疾得阿耨多罗三藐三菩提。吹万广真引《法华经》云："是法住法位，世间相常住。"意谓一念若悟，世法即是佛法。但众生不悟，执着佛法误作世法，是以古德感慨："尽大地是尘劳门，把手拽不出。"他们对于世间诸法具有终极的解脱意义更是无法理解，因而古德再次感慨："尽大地是解脱门，把手拽不入。"很显然，如果众生明白了尘劳即是解脱的意义，那么也就不必麻烦古德这么辛苦地拽出拽入了。广真指出："要知离于世间者，正如春雨及时，农者披蓑顶笠，讴歌以耨之；行者滑石滥泥，颠沛以蹈之。冬雪严寒，乘兴者泛舟鼓枻，优游以适之；冻馁者含霜忍冽，惨切以当之。是皆同一界也，同一时也，而其境各有所不同也。离世间不离世间，当于此一决。"① 也就是说，在广真看来，客观世界虽无不同，但主观境界却是自有高下，或喜或忧，关键就在内心迷悟的差异。

十五、《入法界品》

《入法界品》是唐译八十卷《华严经》的第三十九品，主要讲述善财童子五十三参的故事，也是贞元译四十卷《华严经》的基本内容。吹万广真将善财童子的五十三参看成了历境观心、悟

---

① 吹万广真：《一贯别传》卷五，本书第 125 页。

明自性的过程。

首先，在吹万广真看来，善财童子、佛、菩萨及诸善知识均为心性的象征。他指出："盖善财乃一念性起之心，此心才动，故号童子。文殊者，大智也。智有三，谓世间智、出世间智、出世间上上智。品中之释迦牟尼者，乃毗卢遮那之化身，本觉明妙也。华藏之毗卢遮那者，乃释迦牟尼之法身，性觉妙明也。遮那而释迦者，即无极而太极也。夫如是，则知遮那之全身为释迦之法界，释迦之全身为文殊之法界，文殊之全身又为善财童子之法界也。"① 这里讲善财童子被视为依据法界本性而生起的最初一念之心，将文殊视为此一念初心追求的世间及出世间的智慧，将释迦牟尼视为智慧圆满的人格化体现，而将毗卢遮那视为初心追求的终极目标。在这品经文中，现身祇园的佛不再是毗卢遮那，而是释迦牟尼，广真认为这是"依空而现有"。文殊菩萨辞别释迦牟尼，来到人间，广真认为这是"从定而发慧"。善财童子来礼文殊，由此发轫五十三参，广真认为这意味着"最初净信之智"。至于善财所要参访的五十三位善知识，"乃普贤之行门。隐而修之，为善财之心法；显而证之，为五位之法位。俱在南方，何也？《易》以离居南，离中虚，又为心，故必虚其心而参之，得成心法也"②。经过此一番解读，广真将《入法界品》的经文置入了明心见性的禅学语境之中。

其次，在吹万广真看来，善财童子五十三参就是一个悟明自心的升进过程。他指出："心法五位，总不离众生根本烦恼相应

---

① 吹万广真：《一贯别传》卷五，本书第 125~126 页。
② 吹万广真：《一贯别传》卷五，本书第 126 页。

心所。故执心虚明，纯是智慧，名干慧地者，即始参之文殊也。"① 五位佛法，指十信、十住、十行、十回向、十地的法门，代表着全部的佛法，都是因众生具有贪、嗔、痴等根本烦恼，其心虽有执着，但却有谦虚好学的智慧，由于此时对佛法尚无证悟，故而称之为"干慧地"。这就是说，善财童子初参文殊之时，也是具足各种烦恼的，只是在一念向善之心的指引之下，才有了后来五十三参的壮举。而善财童子每参一位善知识，其境界即提升一次。如善财童子参访胜热婆罗门，在刀山火聚中获得清凉，这是"入其烦恼，转其逆境，而证菩提，乃安住无为，得无遗失之戒心住"的体现。善财童子参访自在主童子，从其所修书数算印等技能中，"即得悟入一切工巧神通智慧门，可见诗书六艺亦有成佛之种子，此即心中发明如净琉璃之治地住也"②。善财童子参访婆施罗舡师，意味着只有在入生死海中才能获得佛法海中的宝物。经过五十三参，善财童子在弥勒的指点下，再次参访文殊。广真认为，此时善财童子的修行已经达到等觉之位，获得了金刚心中初干慧地。广真引古德（青原惟信）禅语解释善财童子的这一参访过程："我当初未曾出家时，但见山是山，水是水。出家后，遍参知识，有个趣入处，见山不是山，见水不是水。到于今，休息之际，山还是山，水还是水也。"③ 用今天的话说，就是善财童子带着他在参访过程中所获得的丰富内容重新回到了出发点。

---

① 吹万广真：《一贯别传》卷五，本书第126页。
② 吹万广真：《一贯别传》卷五，本书第126页。
③ 吹万广真：《一贯别传》卷五，本书第128页。

最后，在吹万广真看来，佛教修行的终极目标，就是在日常的举动云为中体现出佛法的精神来。善财童子在弥勒的指导下再参文殊，文殊指导善财童子修普贤行。广真认为，这是文殊引导善财童子百尺竿头更进一步，登上妙觉果海，成就最高佛果。广真理解的普贤行，就是"夫修行人，念念是道，息息是真，举动则万境皆如，放下则全真独露。永嘉云：'行亦禅，坐亦禅，语默动静体安然。纵遇风刀常坦坦，假饶毒药也闲闲。'能如是，则无贤不普，无普不贤也。玄沙云：'尽十方世界是沙门一双眼，尽十方世界在沙门眼里。'诸人若透得沙门眼，便可入得普贤身，知得毛孔事"①。所谓普贤行，就是将佛教的精神和宗旨贯彻到时时、处处、事事之中。

在《入法界品》中，善财童子五十三参所修的法门往往事涉神奇，很难成为实际修行的指南，经过吹万广真的禅学解读，消除了其上的神异色彩，从而具备了修行实践的可能性。

十六、《入不思议解脱境界普贤行愿品》

宋元以降，有人将贞元译四十卷《华严经》的最后一卷附录于唐译八十卷《华严经》之后，亦以《入不思议解脱境界普贤行愿品》为品名，并逐渐确定为唐译八十卷《华严经》的流通惯例。该卷经文以普贤菩萨讲说十大行愿为主要内容。吹万广真认为，普贤广大行愿正是众生烦恼无量无边的体现。他先引古德之言云："觉得心放，便是工夫。不怕念起，惟恐觉迟。觉速止速，

---

① 吹万广真：《一贯别传》卷五，本书第128页。

二妙相宜。知非改过，瞿颜可师。"他认为："只此数语，即懒安之牧牛，妙喜之拽转，正受之认得五阴主人也。盖吾人之烦恼业识无量无边，从劫至劫，有不可说不可说者。若在这里认得的，识得破，便可于一毛孔中现佛刹微尘数世界，一念念中放佛刹微尘数妙光，礼敬在此，称赞在此，供养在此，忏悔在此，随喜在此，转法在此，佛住在此，佛学在此，恒顺在此，回向在此也。"① 这就意味着，切实修行普贤广大行愿的依据和方法就在众生自心。或者说，众生只要能识自本心，见自本性，悟明心地，便是对普贤行愿的忠实践履。

我们还可以从经文的科判上，以及对《易经》的经常引用上，明显体会到广真对《华严经》的理解受到了李通玄华严思想的深刻影响。吹万广真将禅宗"教外别传"的"明心见性"之论，作为一种宗旨和诠释方法贯彻到对《华严经》每一品经文的理解和体会之中，形成了对《华严经》的禅学解读，从而极大地增强了《华严经》各品经文在心性修养方面的实践性品格。

通过以上分疏，可以看出，吹万广真将禅宗发明本心的宗旨视为儒、道、佛三教一以贯之的主线，主张领会三教经典的言外之意，由此将儒、道、佛三教的经典置入了禅宗直指本心、见性成佛的语境之中。这也表明，吹万广真所说的禅法，就是站在禅的立场上去思考和解决问题的基本方法。可以说，吹万广真在运用禅学思维解释三教经典方面充分体现了禅宗高度的智慧性和灵

---

① 吹万广真：《一贯别传》卷五，本书第 128~129 页。

活性，全面彰显了禅宗思想在经典理解方面所具有的特殊的诠释功能，既为人们理解三教经典提供了一个崭新的视角，又为人们深化对禅宗思维的认识提供了成功的范例。

主要参考书目

一、〔明〕吹万广真：《一贯别传》，《嘉兴大藏经》第 40 册，台北：新文丰出版公司，1987 年。

二、〔明〕吹万广真：《吹万禅师语录》，《嘉兴大藏经》第 29 册，台北：新文丰出版公司，1987 年。

三、〔明〕吹万广真：《释教三字经》，苏州西园戒幢律寺藏经楼所藏同治九年（1870）刻本。

四、〔宋〕道元：《景德传灯录》，海口：海南出版社，2011 年。

五、〔三国魏〕王弼、〔晋〕韩康伯、〔唐〕孔颖达：《周易正义》，北京：中国致公出版社，2009 年。

六、〔宋〕朱熹：《四书章句集注》，北京：中华书局，1983 年。

七、〔三国魏〕王弼注，楼宇烈校释：《老子道德经注校释》，北京：中华书局，2008 年。

八、〔晋〕郭象、〔唐〕成玄英：《南华真经注疏》，北京：中华书局，1998 年。